小児科医のぼくが伝えたい
子育ての悩み解決法

子どものチカラを信じましょう

慶應義塾大学医学部小児科教授
高橋孝雄

マガジンハウス

子どものチカラを信じましょう

小児科医のぼくが伝えたい子育ての悩み解決法

はじめに

2018年9月に『小児科医のぼくが伝えたい　最高の子育て』という本を出しました。育児や幼児教育の専門家ではない、おまけに男性のぼくが、このような本を書いていいのかなと思いながらの出版でした。

小児科医としては長年、あらゆる年齢の子どもたちやご家族と関わってきました。しかし、こと子育てとなると専門外です。自分の考えが本当に正しいのか、まさに恐る恐るの出版でした。また、ここが大事なところだと思うのですが、たとえ正しいとしても、多くの人に理解され、共感され、受け入れられるのか、という大きな不安がありました。

しかし驚くべきことに出版後まもなく、お手紙やネット上のコメントで「ふに落ちた」「スッと心に入ってきた」という感想をたくさんいただきました。「ああ、これでよかったんだ」と、やっと思うことができました。

また、講演会では、涙ぐんで耳を傾けているお母さん、腕組みして頷《うなず》いているお父さん。多くの読者の方々に直接お話しする機会にも恵まれました。その場で多くの質問をしていただきました。伝えてよかったこと、伝えきれずにいたこと、新たな気づきも多くありました。

時がたつにつれ、『小児科医のぼくが伝えたい　最高の子育て』で、ぼくが誰に何を語りかけたかったのか、じわじわと実感していったのです。

「子どもたちはみな、遺伝子のシナリオに守られて育つ」という視点は、医師としての知識と経験に基づくものです。とても重要なメッセージです。小児科医として、小児神経科医として、そこはしっかりとお伝えしたいと思っていました。ただやはり、ぼくの本を通じて、「遺伝子で決まっていることは努力しても無駄」という誤解に基づいた不安を感じたお母さんお父さんがいらしたことも事実でした。

そうであれば、大事なことは、もっとわかりやすく伝えたい、という強い思いがあり、この本を出版することにしました。

実際に子育てをしている真っ最中のお母さんお父さんが、日々感じる悩みや疑問、それをお聞きして、なるべく具体的にお答えするという形式をとっています。

さて、医者は、特に現代の医者は〝実は大丈夫なこと〟〝本当は心配いらないこと〟を、なかなかそうとはっきりと言わない傾向があります。もしも病気を見逃したら、もしも治療が必要だったら、と大事をとるばかり、あえて〝大丈夫〟を避けるのです。「様子をみないと何とも言えない」「念のため検査をしましょう」など、どうしても慎重な、曖昧な表現になりがちです。

でも、少なくとも子育てに関しては「大丈夫なものは大丈夫」と太鼓判を押す人がいないとダメなのでは。今回はそれにチャレンジしました。特別なことなど何もしなくて大丈夫！　時間はたっぷりあるから慌てなくて大丈夫！　大丈夫なものは大丈夫とはっきり強く言ってあげたい。

〝今、これをしなくては手遅れ〟〝これさえすれば安心〟など、育児に関するたくさんの情報があふれています。それらに振り回され、自分の育児に自信をなくし、何をしていいのかわからず頭を抱えることもあるかもしれません。

もちろんぼくの意見も、たくさんの中のひとつに過ぎません。ただ、37年間の小児科医、小児神経科医としての経験から、科学的に客観的に、そして心を込めてお伝えしています。言いたいことはひとつです。

子どもは誰も、素晴らしい能力を持っているのだから、そのチカラを信じて子どもを見守る。それだけで大丈夫！

子育ての悩みや迷いを減らすヒントを、この本から見つけていただけたらうれしいです。

第2章

子どもの能力を伸ばすために、親ができることはありますか。 83

外国語を身につけさせるには、小さいうちがいいのでしょうか。　142

編集協力　ミキハウス
カバー写真　中島慶子
ブックデザイン　鈴木成一デザイン室

第1章

幼児期の成長具合や育て方、心配事がたくさんあります。

他の子と比べて、成長や発達が遅いようです。きちんと育っているのか、不安です。

赤ちゃんが育つ早さには本当に驚かされます。何もできない状態で生まれてきたのに、気がつけば、首がすわり、笑うようになってきます。身長、体重をきちんと測り、母子手帳に記録もしています。でも、平均より遅いのでは、と不安になることもあります。何かしてやれることはないのでしょうか。

〝育つ〟には「成長」と「発達」があります

赤ちゃんに起こる変化、つまり〝育つ〟には「成長」と「発達」があり、これらは似ていますが異なるものです。お母さんお父さんは、これらを区別し、両方を意識しながらお子さんを見守るといいでしょう。

成長というのはその名のとおり〝長くなる〟こと、大きくなることです。背が伸びたな、体重が増えたかな、などとても気になるところです。

身長や体重に比べると、頭囲はあまり意識されませんよね。しかし、**頭が大きくなる、ということも大変重要な成長項目なのです**。子どもの成長過程では、ちょうどいい脳の大きさ、つまり、ちょうどいい頭囲というものがあります。これをデータ化したのが母子健康手帳にもある成長曲線の中の「頭囲曲線」です。このグラフは乳児健診のときにも大活躍するものです。

頭囲は、実は生まれる前から遺伝的な素因によって決められている部分が大きいのです。ご両親の頭が大きめであれば、お子さんの頭囲も大きくなる可能性が高い、ということです。身長も頭囲に似たところがあり、ご両親の背が高ければ、お子さんも背が高くなる可能性が高いです。一方、体重は、食事の内容など環境の影響を一番受けやすいですね。

脳は最後まで守られます

頭囲について、もう少しお話ししましょう。成長の指標の代表である身長、体重、頭囲のうち、最も環境の影響を受けにくいのが頭囲です。発展途上国などで飢餓に苦しむ子どもたちのからだはやせ細っていますが、頭囲だけは最後まで正常の範囲に保たれていることにお気づきでしょうか。**子どもの脳の発育は低栄養などの劣悪な環境の影響から最後までしっかりと守られているのです。**

妊娠中に胎盤の働きが低下して胎児が低栄養の状態になった場合にも、同じような現象が起こります。生まれてきたときの頭囲は正常であることが多いのです。首から下がやせた状態で生まれくるのとは大きな違いです。一方、もし胎児自身に問題がある場合、たとえば染色体の異常によって胎児のからだが小さくなった場合には頭囲も小さくなります。そのような例としては、21トリソミー（いわゆるダウン症候群）がよく知られています。つまり、生まれてきた赤ちゃんの体格（頭とからだの大きさのバランス）をみると、生まれてきたときの低体重の原因が胎盤機能の問題だったのか

（母体側の影響）、それとも胎児自身にあったのか（胎児側の理由）の区別がつくわけです。

いずれにしても身長、体重、そして頭囲がバランスをとって、成長曲線の7本の線のうち一番下と一番上の間で、マイペースで増えていれば〝すくすく〟成長しているということになります。あえて特別なことをして育ちを促す必要などないのです。

脳が〝成長〟するにつれ神経が〝発達〟します

では、〝発達〟とはなんでしょう。成長によってからだが大きくなるにつれ、そこに「機能」が宿る過程が〝発達〟です。消化機能の発達、心機能の発達なども発達のうちですが、特に乳幼児の頃は、発達といえば神経機能の発達が中心です。

さて、生まれたての赤ちゃんの頭は直径10センチくらい。頭囲でいうと33センチくらいですが、**生後4か月で頭囲がだいたい40センチくらいになるのが大きな節目です。**頭囲の増加は、脳の発育と密接に関連しています。そして、脳が大きくなるということは、脳に新しい働きが宿っていく、ということを意味しています。つまり、頭囲が増えるにつれ神経機能が発達する、というわけです。

〝名は体を表す〟ではありませんが、頭の形、大きさなど成長の異常が神経発達の異常の原因であったり、結果であったりすることもあります。

首から下も確かに大事だけれど、**知能や運動機能などの発達のかなめは脳です。**脳が発育し、そこに機能が宿ってこそ、立ち上がり、おしゃべりをするようになるのです。とはいえ、成長や発達には大きな個人差がありますので、頭の大小や形の特徴をあまり気にする必要はありません。生まれつきの個性の表れであることも多いからです。

発達には大きく分けて3種類あります

生まれてから最初の12か月間というのは、文字通り何もできなかった赤ちゃんが、他の動物にはできない人としての大事な機能を獲得するための期間なのです。生後12か月間で身につける人間としての機能は何か。一つ目は「言葉によるコミュニケーション」。二つ目が「2本の脚で歩くこと」。三つ目は「小さな物を親指と人差し指でつまむこと」です。たった12か月で、そこまでの機能を獲得するってすごいことですよね。それらを専門的には「言語・社会性の発達」「粗大運動の発達」「微細運動の発達」と呼びます。

言語・社会性の発達は知能発達の代表的なものですが、**中でも大切なポイントが生後4か月頃に訪れます。**「声を出して笑う」ということです。裏を返せば、生後5か月を過ぎても声を出して笑わなかったら、発達が思うように進んでいない可能性があるかもしれません。まれに「ウチの子は、生後1か月で声を出して笑ったのよ」ってお母さんもいますけど、そんなに早く声を出して笑う子はいませんし、自慢にもなりません。残念ながらお母さんの勘違いでしょう。

3、4か月で「成長」と「発達」のバランスを診《み》ます

他の発達段階としては、目でものを追うようになるのも首が座ってくるのも3、4か月頃です。この時点で赤ちゃんの成長や発達具合をチェックすることは。とても重要です。だからこそ3、4か月健診にはいろいろなチェック項目が詰め込まれている

のです。

お医者さんはそこで、成長（身長、体重、頭囲の増加）と発達（首が座る、声を出して笑うなど）が予定通りに進んでいるか、つまりからだがつくられて、そこに必要な機能が宿ってきているかをしっかり診ています。成長や発達につきものの個人差を経験からよく知っていて、その上で成長や発達の遅れや異常に早く気づくことは、なかなか難しいことです。そこが、ベテラン小児科医の腕の見せどころでしょうか。

「つかむ」と「つまむ」は大違い

発達の第2チェックポイントは生後6か月すぎに訪れます。この時期のポイントのひとつは「つかむ」です。生後6か月頃には周囲の人や物に盛んに興味を持ち、自分から手を伸ばしてつかむようになります。12か月間で獲得すべき機能の三つ目として親指と人差し指で「つまむ」を挙げましたが、6か月での「つかむ」はその中間地点です。ただし、すべての発達には個人差があるので、プラスマイナス1か月くらいは平気でずれると思っていてください。

人差し指と親指で小さなものを〝つまむ〟ことは、人間特有の高度な機能です。このような発達を微細運動の発達と呼び、座る、立つ、歩くといった重力に逆らった運動（粗大運動）の発達と区別されます。人間の場合、生後12か月くらいになると、ゴミとか髪の毛など小さなものを指先で上手につまむことができるようになるのです。「つまむ」ができるようになる生後12か月頃には、粗大運動の発達の結果、２本の脚で立ち上がったり、早い子は歩くこともできるようになります。

「言葉によるコミュニケーション」が始まるのも12か月頃です。〝意味のある言葉〟をひとつ言えるようになる程度で十分で、別に正しい言葉でなくてもかまいません。ごはんが「まんま」とか電車が「じゃ」とか。１歳児健診のときに必ず聞かれる質問ですね。

右肩上がりなら心配いりません

発達と同じように、成長のペースにも大きな個人差があります。マイペースで少しずつ進んでいれば、右肩上がりであれば、まず心配はいりません。

成長が遅くなる原因として最近気になるのが、過度の食事制限です。アレルギーの予防や治療として極端な食事制限をされるケースが目立っています。たしかに、卵白や牛乳タンパクなど、食物に対するアレルギーが原因で下痢や血便、場合によってはショックを起こすこともあるので注意が必要です。しかし一方で、素人判断で多くの食材を与えないようにした結果、極度の栄養失調になることも珍しくないのです。ネット上でもさまざまな食品がアレルギーの原因となると警告されているため、お母さんも必要以上に慎重になってしまうのでしょうね。なかにはビーフンしか与えられないために、ついに心不全になって入院した子もいました。育ち盛りの乳幼児の食事を親の判断でむやみに制限することは、とても危険なことです。必ず医師の診察を受け、本当にアレルギーなのか、だとすればどの食物が原因なのか、どのように原因を除去すればいいかなど、医師の指導のもとにおこなうことが重要です。

あとは、**太陽の光を浴びないことによるビタミンD不足も意外に多いものです**。ママが紫外線を浴びることを極端に恐れることが原因です。短時間で結構ですので、赤ちゃんに陽の光を浴びさせることが大切です。

以上のような「極端」な例を除くと、通常の生活をしている限り、赤ちゃんは放っておいてもすくすくと成長していくものです。

かわいいと思って育てる、それだけで十分です

子どもの成長や発達は親としての最大関心事ですが、それらを促すために特にやるべきことは何もありません。大多数の子は、多少のばらつき、つまり個性はあるにしても、持って生まれた遺伝子の力で正常に成長し、正常に発達することが約束されて生まれてくるわけです。心配はいらないのです。子育ては楽しむためにあるもので、とくに最初の12か月を楽しめるかどうかで、それからの子どもとのかかわり方がずいぶんと変わってきます。

まずは自信を持って育ててほしいです。1か月健診から始まり、3～4か月、6～7か月と、順次、〝関門〟（＝乳児健診）を通過していくようであれば、まずは大丈夫です。あまり細かいことを気にせずに楽しむことが一番です。

新米のお母さんお父さんが正しい子育てを追求しても、**子どもの健やかな成長・発達には大きな影響はありません**。むしろ、細かなことを気にしすぎるがあまり、仲が

よかった夫婦が子育てのことでけんかばっかりしてる、なんてもったいないですよ。

赤ちゃんから幼児になっても同じことです。保育園にするか幼稚園にするか、お受験させるかどうか、ありとあらゆる場面で子どもを大事にしたいという気持ちがあまり強すぎると、本来〝幸せの種〟であるはずの子どもが〝心配の種〟になってしまうんですね。それでは本末転倒です。

子育てを楽しみ、成長の瞬間を記憶しましょう

とは言っても、「子育ては大変なんですよ！」という意見ももちろんわかります。重い病気や慢性の病気、生まれつきの体質に苦しんでいるお子さんもいますね。また、「育てにくいな」と感じるお子さんもいるはずです。母乳が足りないために粉ミルクの併用が必要な場合もあるでしょう。

むしろ、常に「あー楽しい！」と思って子育てしている人は少ないと思います。特に一人目のお子さんについてはどうしても不安になりますよね。でも、ほとんどの子どもはちゃんと育ってくれるのです。**そのことに自信を持ってほしいと思います。**

子どもは初めて立った瞬間、ニコッ～と笑うんですよ。それは一生で唯一の瞬間で、子ども自身はもちろん覚えていないけど、その瞬間に立ち会えたお母さんお父さんは絶対に忘れないですよね。

子育ては大変です。でも、その大変な時期を楽しく、前向きに過ごしてほしい。初めて立ったときのあの笑顔。わが子を抱き寄せて頬ずりしたあの瞬間。絶対に忘れることができない、かけがえのない瞬間をどれくらい味わえるか。みなさんには、**ぜひとも多くの幸せを感じ、記憶に残していただきたいと思っています。**

「魔の2歳児」のイヤイヤに、どう対処すればいいですか。

赤ちゃんの頃はあどけない笑顔で親を癒やしてくれたわが子が、「イヤ!」と言うようになって自己主張を始めたら……。「イヤイヤ期」や「魔の2歳児」という言葉は聞いていましたが、実際に小さな暴君のように振る舞う様子を目の当たりにすると、どう対応していいのかわからなくなります。

自分で決めて失敗する。そこから子どもは多くを学びます

個人差はあるでしょうが、2歳ぐらいになると、急に子どもが「イヤ、イヤ」と言

い出して、お母さんお父さんとしてもどうしたらいいかわからなくなることも多くなります。いわゆる「イヤイヤ期」というやつです。

やるなと言ってもやる。逆にやってほしいことをやらない。放置していたらわがまし放題で、将来、自己中心的な大人になってしまうのではと心配するかたもいるかもしれません。

ただ、**基本は自主性に任せる、やりたいようにやらせるのがいいと思います**。もちろん命に関わるようなことをやりたがったら、それは止めるべきでしょう。でもたいていの場合、子どものやりたいようにやらせたって、それほど大変なことが起きるわけではありません。

まずは、やりたいようにやらせればいい。失敗して痛い目にあうこともあるでしょう。転んで泣いたり、お友だちとケンカになったり。好き嫌いを言って与えられた食事を食べないと、あとでお腹が空くこともあるだろうし。子どもは必ずそれで「何か」を学ぶんです。わざと失敗するように仕向ける必要はないけれど、大人にとってはわがままにしか聞こえないことでも、本人がそうしたいと言うなら一度はやらせてみるといいと思います。失敗は貴重な経験です。

もちろん失敗せずに一生暮らせたら、それはそれで幸せなことかもしれません。でもそんな人がいるのかな。小さな子どもでなくても、大人だって失敗をすることはありますよね。大人であれば自分の判断で失敗したら、それは自業自得と納得するでしょ？　子どもだって同じなんじゃないかな。

世の中には失敗っていう教訓が用意されているので、どこまでも暴走できるものではありません。どこまで許すかとか考えるよりも、まずは子どもの思うようにさせてみれば、子どもは失敗から自然と学んでいくのではないでしょうか。そして、**それくらいのスタンスでいたほうが、親も子どもも楽だと思います。**

子どもにまねされても恥ずかしくない行動をしましょう

親自身が子どもに対して礼儀正しく振る舞うことが、すなわち礼儀正しい子どもを育てるための〝しつけ〟ということなんだと思います。

「こうやるのよ、こうしなさい」をあえて封印してはいかがでしょうか。親が常に子どもに礼儀正しく接すると、それが心地よいことを子どもは実感しますよね。そうすると他の人に対しても礼儀正しく振る舞えるようになるものです。
相手をないがしろにしたり、感情を逆なでするることをわざとするのは無礼なことですよね。親なら子どもにそんな人間になってほしくはないでしょう。そう思うなら自分の子どもを心から尊重することです。

子どもを尊重することが、すなわちしつけです。子どもは自分がされたことしかまねしないのです。子どもを殴れば、子どもは誰かを殴るようになる。小さな子どもだから、どうせわからないだろうと高をくくってはいけません。子どもたちはとても敏感で、影響されやすい。大人のすることをそのまままねしてしまう。これは我々が常に気をつけていなければならないことですね。

「ひとりっ子はわがまま」は間違い。子どもは社会で育つもの

兄弟にもまれることがないひとりっ子は、わがままになるのではないか、社会性が身につきにくいのではないかと心配するお母さんお父さんもいますね。でも実際にひとりっ子は社会でうまくやっていけていないというデータなんて、ぼくは見たことも

聞いたこともありません。

兄弟姉妹の数とその人の育ち方や、その後の人生は無関係なんじゃないかと思います。ひとりっ子だろうが、何人も兄弟姉妹がいようが、子どもたちはみんな両親の遺伝子を半分ずつもらっているのです。

社交的な子、運動神経のいい子、ひとりが好きな子とそれぞれ個性はあるけれど、それらも含めて、**人として大事なことはしっかりとご両親から受け継いでいます。**ひとりっ子として育ったら人格が歪むとか社会性が欠如するなんてことは考えられません。

ひとつしかないものを分けるとか、譲るとか、争いごとが起きるといった場面は、複数の兄弟姉妹がいる家庭のほうが多いのは事実でしょう。でも、ひとりっ子だって、保育園や幼稚園に行くようになれば、否応なくもっと厳しい争いに巻き込まれるようになります。ずっと家族だけで生きていくわけではないわけですから、家から出て集団生活をするなかで、社会性は自然と身についていきます。

もともと人と交わるのが苦手だったり、あるいは何でも自分のものにしたがる子だったとしても、その結果として友だちとケンカになって痛い目にあう経験はいくらでも積めるので、結局そこで社会を知るわけです。近くの公園で同じような年頃の子どもたちと一緒に遊ぶだけでもそういうことはありますよね。

自分勝手なことをして傷つく。そういう機会はあっていい

ぼくらから見て、**ひとりっ子とそうでない子に違いがあるとすれば、それはお母さんです**。１人目の子どもに起きること、つまり、はじめて育児をしているお母さんにとっては、あらゆることが２番目、３番目のお子さんとは比較にならないほどの大事件なのです。子どもには何の問題もないのに、「この子は発達が遅れているんじゃないですか？」「こんな子は要注意って本やネットに書いてあったんです」と病院にやって来るお母さんがいます。まず「何人目のお子さんですか？」と聞くとほとんどが１人目なんですね。逆に、２人目、３人目の子どもについて、「上の子とは明らかに違う、違和感がある」というお話であれば、本当に病気かもしれないと医師は考えます。

つまり、ひとりっ子と兄弟姉妹のいる子の違いは、親子関係の違い、お母さんの接

し方の違いかもしれません。

家の中で少々わがままな子であれば、外に出て痛い目にあうこともあるでしょう。そのときどうすべきかは子ども自身が学んでいくことです。親が先回りして心配することではありません。大切なのは本人が自分の意思で行動し、失敗したときにどう感じ、どう考えられるか。先回りしすぎて、子どもが考えられなくなるほうがよっぽど大きな問題です。

ひとりっ子にしろ、兄弟姉妹がいる子にしろ、子育てで大切なのは子ども自身が決めたことを尊重すること。結果、それで失敗しても子どもにとっては貴重な経験になる。

そして親はそれを見守るしかありません。

親がやってはならないことがあるとすれば、無関心だけです。無関心は絶対によくない。自分の関心の持ち方が適切かとか、むしろ過干渉ではないだろうかとか、心配しても仕方ありません。それには正解がないのですから。

甘やかすばかりではよくないと思います。厳しく叱ってはダメですか。

小さな子どもはとってもかわいいもの。でも、毎日一緒に過ごしていると、いろいろな〝悪さ〟をしたり、ちょっと危ないこともしてしまいます。そんなときは、親としてしっかり叱っておく必要があると思うのですが、どこまで厳しく言えばいいのでしょうか。叱り方のコツを教えてください。

はっきり言うことは、医療の現場でも難しい

最近は、虐待のケースが後を絶たない一方で、親が子どもを叱る場面が減ってきて

いるような気がします。叱るという行為に対してネガティブなイメージが強くなって、気をつけて叱るという機運が高まってきているようです。「言いすぎることで子どもが萎縮してしまうのでは」と考えるのは、ある意味では正しいです。極端な話、虐待にもなりうるわけですから。

ただそういうことに神経質になりすぎるのはやはり問題です。親だけでなく学校の先生も、叱るという行為自体におじけづき、大人が子どもを叱れない社会になってきていますよね。そもそも絶対的な「正しい叱り方」なんて存在しないわけですが、**〝叱りにくい時代〟だからこそ、どうやって子どもたちを叱ればいいのかを考えることは大切だと思います**。昭和の時代は、やはり今とは違う「叱り方」というものがありました。叱られるとすれば子どものうちに叱ってもらったほうがいい。大人になってから叱られても遅いことが多いですからね。

ところで、「はっきり言う」ということが、医療の現場でも難しくなってきています。例えば病気が心配で病院に来る患者さんに向かって「病気じゃないです」とは言いにくくなっています。なにか心配事があるから病院に来られるわけですよね。場合によっては事前にネットでいろいろな情報を手に入れた上で来られる。親御さんも、心配だからこそ子どもを小児科に連れて行くわけです。

でも、よく話をお聞きして、ていねいに診察して、さらに検査をしても異常が見つからない。どうも病気じゃなさそうだという場合も少なくないわけです。**そういうときにわかりやすく説得力のある言葉をかけて、親御さんに安心していただくことは医者の大事な仕事です。**心配だからこそ病院に来られた方に向かって「心配する必要はありません」「病気ではありません」「病気ではあるけど治療は必要ありません」「治療は必要だけど心配はいりません」と説得することはとても難しい作業なんです。

「ない」ことは「ない」と納得していただくこと、つまり「悪魔などいないと証明すること」（これを悪魔の証明といいます）は、「ある」ことを「ある」と伝えるより、比べものにならないくらい難しく、説得力を要することなんです。

たとえば病気が「ない」と説明した後に実は「ある」となったら、誤診したと受け取られかねません。場合によっては医療ミスで訴えられるかもしれません。だから医者は判断に迷った場合には、病気ではないと伝えることを躊躇《ちゅうちょ》して、とりあえず検査しましょう、あと3か月様子を見ましょう、などと言いがちなんですね。

たしかに病気を見逃す誤診は大問題です。でも、「ない」ものを「あるかも」と伝えることも大きな「誤診」ではないでしょうか。少しでも早く、ないものはないとお伝えできれば、患者さんやご家族に安心を与えることになります。たとえば、脳性麻痺の疑いがあるとされた子が数年後に立派に歩けるようになったり、自閉症のために相当の支援が必要と診断された子が通常学級に通えるようになったりすることは珍しくありません。

何年間もご両親あるいは本人に無用な心配をかけ、ないものをあるかのように伝えたとすれば、それもまた大きな誤診なのです。医者が「病気じゃない」「心配ない」と言うことを躊躇していることで、患者さんの不安を煽《あお》ったり心配を長引かせたりしているケースが結構あるんです。

叱り方に正解はありません

医師に本当に必要とされているのは、診断能力や治療能力ではなく「説得力」です。別の言い回しをすれば「安心力」。困難に直面した人は、結果がよくても悪くても、説明に納得したときにとりあえず安心するものだと思うのです。患者さんやご家族に納得していただくことで、一刻も早く彼らを安心させる力が「安心力」です。

ＡＩが医療を席巻するこれからの時代、納得していただくことが医者に求められる本当の仕事になると僕は思っています。でも、訴訟社会でもある現代において医者は「もしかしたら自分は間違っているかもしれない。自分の意見を押しつけると、間違っていたときにはひどく責められる」と恐れ、説得する義務を放棄する。

そのような状況は、叱ることで起こりうる予測外の負の効果におびえ、他者から非難されることを恐れるあまり、叱ることを躊躇する大人の心境とダブります。

叱り方を間違えると裏目に出る。あるいは「しつけ」はいきすぎると虐待と捉えられかねない。

実際に虐待のケースもあるので難しいところではありますが、叱ること、しつけることにビクビクしすぎると、本当に叱らなければいけない場面で叱れなくなる。結論から申し上げると——当たり前の話ではありますが——叱ることは必要です。**そして、その方法に「正解」はないんです**。

その叱り方でいいかどうか。それは親が責任を持って判断しなければいけない。医者が、病気か否か、治療が必要か否かを責任を持って判断し、患者にしっかり伝えなければならないのと同じです。親の「責任」で、叱るかどうか、どの程度の〟熱量〟で叱るかを判断しないといけないわけです。

だからこそ、大人は感情に流されることなく、説得力を持って叱らなければいけません。子どもを納得させることを目的に、何かを伝えなければいけません。自分が叱ることで、本当に子どもはいい方向に向かっていくのか。叱ったときの子どもの反応や叱った後の子どもの様子にやさしく心を配ることで、叱ることの正当性や意義を確認できるのだと思います。

叱るときに大切なのは親のリーダーシップ

「叱るということは説得するということである」とお話ししました。そうとすれば、叱り方に正解はないとはいえ、忘れてはならないのは「子どもが叱られたことを納得できるような叱り方」。そして、それはすなわち**叱る側である親にリーダーシップが求められるということです**。

また医療の話になりますが、医師はリーダーシップがなければ務まりません。慶應の医学部でよく使われる言葉に「独立不羈《どくりつふき》」というものがあります。簡単に言うと、「他人の意見や時代の趨勢《すうせい》に惑わされず、自分で判断して、自分の責任のもとに行動しなさい」という意味です。

慶應義塾大学医学科（現在の医学部）の創設者である北里柴三郎が、福澤諭吉から受けた大切な言葉だと言われています。東京大学に在籍していた当時の北里は、ある〝偉い先生〟の学説に反対し東大を追わることになります。そんな彼に救いの手を差し伸べたのが福澤でした。

で、これは別の言葉で言うところのリーダーシップだと思うんです。医者というものは、医療の現場でリーダーシップを発揮しなければいけない。自分の責任において判断し、行動し、患者を説得しなければならない。そして僕が言いたいのは、**子育てでは親がリーダーシップを発揮すべきだ、ということです。**

感情にまかせて叱ってはいけない

責任を持って子育てをするなかで、自らの意思で子どもを叱らなければいけません。偉い人がこう言っている、育児書にこう書いてある、今は叱らない時代になっているから――そういうことではなくて、**自分で判断して、必要なら叱ること**。目の前にいる子どもと向き合うこと。子育ての責任者、リーダーはお母さんやお父さんなのですから。

毎日、子どもとふれ合い、向き合っているお母さんの判断はたいてい正しいものです。子どもの将来に思いを馳せ、毎日、仕事を頑張っているお父さんの思いは的を射ているはずです。ですから自信を持って叱っていいと思うのです。このまま放置したら、この子は将来、必ず痛い目にあうだろうから、ここでしっかり叱る。例えば、この子の偏食は個性の範囲を逸脱しているから少しずつでもいいから食べさせるべきだ。育児担当のリーダーとして、もしそう判断したのであれば、自分が思っていることをしっかり子どもに伝えましょう。それが「叱る」ということです。

子どもの意思だけにまかせて、子どもの言いなりになっていたら、子どもがリーダーシップを取っていることになる。子どもがリーダーシップを発揮する場面も貴重ですが、育児の基本は親がリーダーとなることです。**子どもを自由に伸び伸びと育てることと、すべてのことを思いのままにさせることとは違います**。大人には子どもを育てる責任がありますから。

繰り返しになりますが、叱るという行為は、説得であり、納得させるための努力です。

そして極めて例外的ではあるけれど、手を上げることが説得力を発揮する場面もあるかもしれません。体罰は絶対にやってはいけないと思っていますが、リーダーであるお母さんやお父さんが冷静に考えて必要だと判断し、**深い愛を持ってやさしく手を上げることは、あながち糾弾されるべきものでもないと感じています。**

この言葉だけがひとり歩きすると、「体罰を容認するのか」と言われるかもしれませんね。もちろん、説得力もなにもないただの暴力＝体罰は絶対にいけません。激情の発露として叩くなんてことがあっては絶対にならない。その行為に本当に説得力があるのか、その手に子どもを納得させるだけの力が宿っているのか、今一度、冷静に考えてほしいのです。

叱ることは、親から子どもへの〝プレゼント〟であるべきです。相手が受け取ってなんぼ、相手が納得してなんぼのものです。だから心を込めて、子どもに思いが伝わるようにやさしく〝プレゼント〟を渡してくださいね。

きょうだいを育てるときに、何に気をつければいいですか。

少子化の進む日本でも、子どもたちの75％以上に兄弟姉妹がいるそうです。きょうだいが仲よく遊んでいるのを見るのは、うれしいことですが、ケンカや争いごとが絶えず苦労することもあります。特に、二人目が生まれたときは、上の子の扱いをどうしたらいいのか、親としては、本当に悩ましいです。

下の子が生まれたとき嫉妬するのは当然

お兄ちゃんやお姉ちゃんが、生まれてきた赤ちゃんに嫉妬するなんてことはよくあることで、むしろ微笑ましいことですね。２０１８年に日本でも公開されたアニメ映画『ボス・ベイビー（The Boss Baby）』は、まさにそんなシーンからはじまります。ひとりっ子として育てられてきた7歳の少年・ティムの家に、ある日赤ちゃんが連れてこられる——あの作品は弟や妹ができると知ったときの子どもの心境をコミカルに、そしてやさしい目線で描いていると思います。

兄弟姉妹の間で軋轢《あつれき》が生じたり、何かと競争心が生まれてトラブルに発展してしまうとすれば、その原因のひとつはお母さんお父さんの奪い合いですよね。**まだお母さんのお腹の中にいる赤ちゃんに嫉妬するくらい、子どもの感性は豊かです。**妊娠中のお母さんが上の子の微妙な変化に気づいて、でも原因が思い当たらず、私の外来にこられることもあります。

弟や妹ができたらお母さんやお父さんの愛情が半分になってしまうのではないかと、上の子が案じるのも仕方のないこと。僕は、それはそれでいいと思っています。兄弟姉妹が二人、三人と増えるということは、そういうことです。

そうは言っても、下の子に手がかかって大変な時期でも、上の子にもちゃんと心を配ってあげないといけない。下の子が眠っている時間を見計らって上の子と遊ぶ時間をつくるとか、お父さんと交代で上の子の面倒をみるなど工夫して、親子の関係が急に変わってしまったわけではないことを実感させてあげてほしいと思います。

上の子も下の子も同じように接する

上の子は下の子の存在に敏感になるということを、親は知っておいたほうがいいですが、だからといってはれものに触るように接する必要はありません。仮に下の子ができたことで、上の子が「赤ちゃん返り」するなら、させてあげればいい。「抱っこしてほしい」と言うなら、たくさん抱っこしてあげてください。**要は上の子も下の子と同じように接してあげることが重要なんです。**

親ができることとしては、愛情を子どもの人数に合わせて「大きくする」ということかもしれません。ひとりっ子のときに子どもに与えていた愛を100とすると、二人目が生まれたら50ずつ平等に愛を分け与えるのではなく、100と100で愛を注ぐという気持ちで接してあげることだと思うんです。愛情を100、200、300と増やしていくというのは現実的ではありませんが、二人目、三人目と子どもを授かったのをいいチャンスとして、親としての愛情もより大きなものに膨らませていくことは可能だと思うのです。

お母さんやお父さんは兄弟姉妹に優劣をつけない、順位づけをしないということが重要です。例えば今は下の子に手がかかるからと上の子の気持ちをないがしろにするとか、あるいは上の子がもうじき小学校のお受験で大切な時期だからと下の子の生活ペースまで変えてしまうのは、どちらかの子どもを優先するために、どちらかに犠牲を強いていることになりますよね。子どもたちはそういう変化にとても敏感です。また、「お兄ちゃんはあなたの年にはできてたよ」とか、「弟（妹）でもこれくらい言えるよ」など、ダイレクトに比較する言葉を投げかけるのもやめたほうがいい。**特に本人たちの前で一方的にネガティブな決めつけをすることは避けるべきです。**他の何よりも「愛情の不公平感」に寂しさを感じるのです。

これは子育て論でも医学でもないですが、お母さんもお父さんも「子どもたちみんなに幸せになってほしい」と心から願っていればそれでいいのでは。仮にちょっとした言葉で傷つけてしまったとしても、幸せになってほしいという気持ちで愛情を持って接していれば、それは絶対に伝わっているはずですから。そういう気持ちがあれば、ただただお兄ちゃんばかりをひいきする、妹ばかりをかわいがる、なんてことにはならないだろうし、子どもだってそうは感じないと思うのです。

下の子のお世話をさせるのが一番です

下の子に嫉妬するタイプと、その真逆でべたべた可愛がるタイプ、こういう差はその子の性格にもよるでしょうし、親が上の子にそれまでどう接してきたかにもよるし、下の子との年齢差も関係してくると思います。

ひとつ、仲のいい兄弟姉妹になってほしいのであれば、上の子に下の子のお世話をさせてあげるのはいいことです。危なっかしくてちょっと心配でも、お母さんと一緒に下の子のお世話をしていれば、上の子はお母さんとの一体感を実感できるし、下の子をかわいがることが何よりも楽しくなるでしょう。あと一緒にお世話をしているときに「あなたもこんなにちっちゃくて、こんなに可愛かったのよ」と言葉にして伝えるのもいいですね。

兄弟姉妹というのは結局は仲よし同士です。すごく身近な存在であることが災いして、ちょっとした考え方の違いなどからいさかいが絶えない時期があったりもしますけれど、**親の愛情に包まれて育っていけば、いずれはお互いを思いやり、助け合うようになります。**

落ち着きがない、他の子とうまく関われない。もしかしたら、発達障害なのでしょうか。

発達障害という言葉がよく聞かれるようになりました。でも、実際のところ、どういう意味なのかよくわかりません。自分の子どもも、もしかしたら発達障害かもと、漠然とした不安を持っていま す。特徴的な症状はあるのでしょうか。また、発達障害は、大人になっても治らないものなのでしょうか。

「発達遅滞」と「発達障害」は違います

「発達障害」という言葉は、今の親世代が子どもの頃にはあまり使われなかったと思います。まずは「発達遅滞《はったつちたい》」と「発達障害」の違いについてお話ししましょう。

発達が遅れる場合は「発達遅滞」と呼ばれます。運動発達の遅れ、知的発達の遅れ、あるいはその両方が見られる場合をさします。多くの場合、乳児期からその兆候に気づかれます。一方、「発達障害」はそれとは別の問題なのです。（発達障害は神経発達症と呼ばれるようになっています。「障害」という用語をできるだけ避けようという配慮によるものです。取り敢えずここでは広く知られている「発達障害」という用語を使うことにします）

さて、発達障害とは、自閉症スペクトラムであったり、ＡＤＨＤ（注意欠如多動症）、それから学習症（以前は学習障害と呼ばれました）などを総称した用語です。一般には社会に溶け込みづらい人のイメージがありますが、それはある意味、正しい理解です。簡単に言うと、発達遅滞が文字通り発達の遅れであるのに対して、**発達障害は、発達するにつれて次第に明らかになってくる社会生活での困難さという意味あいです**。コミュニケーションや行動パターンの問題が「発達」するにしたがってだんだんはっきりしてくる困難（障害）ということです。つまり発達遅滞と違って、生まれて半年、１年で診断することは多くの場合、難しいです。

言葉でコミュニケーションをとる年齢になり、集団生活の場が増えるにつれて、例えば自閉症スペクトラムの場合は「この子の問題は、言葉の遅れというよりはコミュニケーション全般の難しさなのかな」、注意欠如多動症の場合は「知能が遅れているのではなくて、あまり考えずにいきなり行動したり、場をわきまえずに落ち着きのないことが問題なのかな」などと思い当たるようになるわけです。学習症では「国語が苦手なのは、知能が低かったり怠け者なのではなくて、読み書きが極端に苦手なだけなのかな」と気づかされるわけです。

発達障害は持って生まれた「個性」です

発達障害の多くは持って生まれた強い個性のようなものです。ただ、生まれてしばらくは生活の範囲が狭く、**社会生活で問題となるような強い個性が発揮される機会もないので、それと気づかれにくいのです。**

自閉症の特徴としてよく知られているものに「目が合わない」という症状があります。でも、生まれたばかりの赤ちゃんは目で物を見つめることをしませんので、目が合うも合わないもないわけですね。「あっ、私と目が合うようになってきたな。見つめてるな」とお母さんが感じるようになるのは生後１か月頃のことです。

成長して行動範囲が広がりいろいろな場面に遭遇するようになり、人とのコミュニケーションが日常生活の一部になってくると、そこで初めて「あれ、ＡＤＨＤかも？」「自閉症スペクトラムかも？」と気づくようになるというわけです。

病名をつけることにはメリットもデメリットもあります

医師が発達障害という診断を下すための基準はいくつかあるのですが、だからといって、**客観的に、断定的に診断がつくものではありません**。症状が強く、典型的に表れている場合と、そうでない場合があるからです。無理に診断をつけようとせず、病名をつけることにメリットがあるときに、必要に応じて診断名をお伝えすればいいと思っています。

そうすることで救われる人には診断名を伝えます。ある成人男性は、病名を知ったことで「内なる敵がわかった。自分で行動を変える努力をしたり、訓練である程度克服できることだとわかってよかった」と言っていました。子どもの衝動性や攻撃性にほとほと困っていて悩んでいた親が、発達障害と診断され、ホッとすることもあります。「私の育て方が悪かったわけではないんだ、この子の個性なんだ」と。

病名を伝えられることで前向きになれるタイプの方もいる一方で、デメリットに感じる人もいます。自分ではさほど気にしていなかったのに、まわりから「君はアスペルガー障害だね」と言われる。自分では、口が重くて、仲間に加わるのが苦手なだけだと思っていたのに。そういう人にとっては、たとえ疑いであっても病名を告げられることは、はがすことのできないレッテルを貼られたのと同じことかもしれませんね。

ご両親にとっても同じことです。**診断基準は診断をつけるための目安であって、ここからが発達障害で、ここまでは正常といった線引きはできません。**患者さんやご家族にとってのメリット、デメリットを良く考えてから、診断名について触れることが大事だと思うのです。

ADHDは大人になると克服できることも多いです

発達障害は、年齢が上がるにつれて症状が変わっていくのが特徴です。たとえばＡＤＨＤ（注意欠如多動症）は、小さいときは落ち着きのなさが目立ちます。小学生だと、何かのきっかけに物を投げたり、授業中に歩き回ったりするわけです。でも、大人になっても並外れて落ち着きがない人って、あまりいないですよね？　会議中に歩き出すとか、本棚を階段に見立てて登るとか、大人はしません。**つまり衝動性、多動性は年齢を重ねるにつれ落ち着いていくものです**。うっかりミスは大人になっても多い傾向にありますが。

ただ、大人になれば症状や困難さは必ず軽くなるかというと、ちょっと違います。小学生のうちは忘れてはいけないものはそれほど多くないですね。宿題くらいでしょうか。でも大人になるとたくさんある。うっかりミスなんて、小学生のころは気にも留めないことも多いけれど、社会に出て仕事をするようになったら、そうはいきません。大人になるにつれ環境や立場が変わり、逆に目立つようになってくる症状、問題となってくる個性もあるということです。

人間関係に恵まれると思わぬ成功を収めることがあります

心を許せる友だち、理解ある教師に恵まれて育つと、子どもにも変化が出てきます。小学生にもなると、本人の中で折り合いをつけて落ち着いてくる子もいます。自分の経験値が上がって、その症状が表れないように自分が努力できるようになる。まわりの理解と愛情が大切なことはすべての子どもに言えることですが、発達障害の子どもには、寄り添う気持ちがより一層、必要なのです。

人間関係に恵まれると、ADHDの傾向がある人も、自閉傾向のある人も、学習症の人も、驚くほどの成功を手に入れることが珍しくないのです。**社会的に成功するかどうかは、まわりの人間の力によるところも大きいということです。**特に、お母さん、お父さん、そして兄弟姉妹がどう接するかが、とても大切なことなのです。理解ある家族、豊かな家庭環境に恵まれた場合には、たとえ障害があったとしても、社会に出たときに大きな成功をおさめた方、幸せな人生を送っておられる方も少なくないのです。

人と違ってもいい、まず自分を好きになる

発達障害では、二次障害を未然に防ぐことがとても大事です。生まれつきの個性として多動傾向があったり、自閉傾向があったりすることを〝二次〟と考えると、お前はダメだ、変わり者だ、と言われ続けて育つことによって起こってくるのが二次障害です。

ＡＤＨＤの子であれば、多くの物に興味がわいて目移りするという個性は〝才能〟ととらえることもできるのです。一方、「ここに座って！　話は最後まで聞かなければダメ」「お友だちを見てごらん。なぜ、できないのかな……」などダメダメダメと否定し続けられていくと次第に自信を失い、**「自分は自分でいい」「自分が好き」という感覚、つまり自己肯定感が失われていくのです。**

お母さんに叱られてばかりいると、「僕は本当にしょうがない子だ。お母さんを泣かせている」と思いはじめ、「たしかに自分はみんなと違うし、幼稚園にいないほうがいい。お母さんに迷惑をかけるから行かない」ということになる。

誰にも相談のできない困難を親にも理解されず、ずっと叱られ続けていると、子どもなら誰でも持っていたはずの自己肯定感が次第に削《そ》がれていく。そうすると自信がなくなって、さらに失敗を繰り返す。社会にますます適応できなくなっていく。これが二次障害です。**二次障害を防ぐためには、まず親が寛容になることです。**子の将来を考えればダメなことはダメと教えたい。そう思う方もいると思いますが、思いっきり寛容になることです。そこは迷いどころではありません。

1回叱ったら9回褒める

子育てでは、障害の有無にかかわらず、気にしないこと、楽しむこと、が基本だと思っています。とにかく寛容になること。寛容になることで子どもをダメにするということはありません。

具体的には、特に発達障害のあるお子さんでは、1回注意したいと思ったら、まず9回褒めること。9回褒めたら1回叱る。そして叱るときはその場で叱って、後で言わない。その場で短く簡潔に叱る。叱るというより伝える、といった感じでしょうか。

褒めると言っても、そう難しいことではありません。**「そうだね」「そのとおりだね」「わかるな」と共感すること。それだけで十分です。**子どもが「学校に行きたくない」と言ったら、「それはダメよ」と返すのではなく、「そうだよね、行きたくないよね。寒いもんね、今日はやめようか」というふうに答える。「そりゃそうだよね、お母さんもそういうときあるよ」と共感する。グッとこらえて、子どもの言い分や行動を受け入れてあげることが「褒める」ということなんです。

共感というのは相手の立場になって感じ、考えることです。実は、自閉症スペクトラムをはじめ発達障害の大きな特徴がこの「相手の立場を感じ取る力」の弱さなのです。そのような個性をかかえたお子さんを勇気づけ、一緒に困難を克服するには、子ども自身に共感されることの喜び、大切さを感じさせるしかないと思うのです。

得意なことと苦手なことがあるのが特徴

どんな子どもにも、何か得意なことが絶対あります。それを見つけ出す手助けを、親やまわりの大人がしてあげればいい。なにもすべての子を同じ型にはめる必要はないのですから。習字は苦手だけど、走るのが速いって子に、習字だけやらせてどうします？　もったいないですね。書道部ではなく、陸上部で走らせたほうがいい。得意なことだけやらせる。得意なことを伸ばせば、自己肯定感は大きく育まれます。

特に発達障害の子どもたちでは、日常生活の「当たり前」ができないのに、別の「特別なこと」に途方もなく長《た》けていることが多い。自閉傾向があれば、目から入る情報に強い。一度見たものはなんでも覚えてしまう。お城の石垣のパターンを見ただけで「あ、これは姫路城だ」って言い当てるみたいな。ある意味、天才型でもあるんです。

仮に自分の子が発達障害だとわかっても、**「ほかの子より少し強い個性の持ち主で、苦手も多いけれど、思いっきり得意なこともある子」と認めてあげることが大切です**。でも、悩みが絶えないなら、そのときは遠慮なくお医者さんに相談してください。くれぐれもひとりで悩んだり、くよくよしないで。そのために私たち小児科医がいるのですから。

男の子と女の子、赤ちゃんでもずいぶん違います。育て方も変えたほうがいいですか。

女の子は、早くから話すようになったり、歩くのも早い気がします。育つにつれ、男の子はちょっと乱暴になってきたり、性格もずいぶん違うようです。その差はどこから出てくるのでしょうか。男の子と女の子では、育て方も変えたほうがいいのでしょうか。その場合、気をつけることはなんでしょうか。

胎児の性が分かれはじめるのは着床から約8週間後

まず胎児の性別の違いがどう決まっていくかについてご説明しましょう。大部分の男性の性染色体はXY、大部分の女性はXXです。受精卵になったときに性染色体の組み合わせは決まっていますが、はじめのうちは性器を含めて胎児のからだの構造に性差はありません。XYであろうとXXであろうと、基本的な構造は女性になるようにできているんです。

当初、性差はないのですが、Y染色体を持つ胎児では、着床から8週間頃にSRYという特殊な遺伝子が活動を開始します。これをきっかけに精巣がつくられはじめ、生まれたばかりの精巣からはミュラー管抑制因子という大変重要な物質が分泌されます。

この因子が、子宮や卵巣など女性の内性器の元になるミュラー管という組織にストップをかけます。**これが胎児を男性にするための最初のステップなのです**。同じ時期に精巣からテストステロンという男性ホルモンが分泌され、男性の外性器を形づくっていきます。

つまりヒトというのは、本来女性になるように仕掛けられていて、あえて男性になるためにはSRY遺伝子がONになり、ミュラー管抑制因子とテストステロンが分泌される必要があるんです。

簡単に言えば、着床から８週間後くらいから性別がわかれる現象が徐々に起きてくるということです。そのあとはドミノ倒し的に連鎖反応が起きて、男性としての内性器、外性器が完成します。妊娠14週あたりまで、Ｙ染色体を持った胎児はママのお腹の中で、自分自身でつくった男性ホルモン、つまりテストステロンのシャワーを浴びます。そうすると、外性器のみならず、脳までも男らしくなるのではと考えられています。

着床の時点で男の子か女の子かの性別がはっきりしているわけではなく、胎児が男性として発育するためには、妊娠初期からそれなりにいろいろな段階を踏む必要があるのです。そのため、お母さんのお腹の中で、男の子が男の子に、女の子が女の子になる過程では、いろいろな段階でさまざまなアクシデントが起こりうるんです。例えば、ＸＹの染色体を持った男の子が男性ホルモンを十分に分泌しなかったとか、反対にＸＸの染色体を持っていて女性の内性器をつくるミュラー管もあったのに男性ホルモンが出すぎたとか……。ですから生まれた直後に外性器を見ただけでは、**男の子か女の子か、判断がつきにくい場合もまれにあります。**

赤ちゃんが生まれたときに性別を判断する手がかりは、たとえ医師にとっても、やはり外性器の見た目です。ＸＹの染色体を持った胎児でも、テストステロンがうまくつくられないことがあります。そうすると、生まれてきたときに外性器の見た目からだけでは、男性なのか女性なのか見分けがつかないこともあるのです。

性別の見極めが困難な場合もあります

男性、女性の違いをつくっているのは緻密で揺るぎない「遺伝子のシナリオ」です。先ほど述べた男の子の性器、女の子の性器がつくられる過程も遺伝子が決めた段取り、シナリオに従って着実に進行します。その過程で、胎児自らが分泌する性ホルモンが脳にも強く働きかけると考えられています。つまり、**男の子らしい性格、女の子らしい性格も胎児の頃から遺伝子の力である程度決まっているのです。**男性として生きるのが幸せか、女性として生きるのが幸せか、その後の生き方も胎児期にある程度、運命づけられている、ということになります。それゆえ、生まれた直後に正しく男か女かを見極めることは、とても重大な医学的作業なのです。

外性器のみならず「脳の男女」の見極めを誤ると、将来、深刻な問題を生じる場合があります。発育するにつれ、特に思春期を迎えて、自分のジェンダーアイデンティティ（性同一性）に違和感を持ってしまうということです。生まれたときに男の子と言われて、自分でもそう信じて生きていても、どうしても男らしく生きる、父親として頑張るという意識を持つことができない。女性の場合も同じことが起こりうるのです。

ですから、生まれたときに男の子と女の子の区別がつかないというのは、社会心理学的にみても重大局面（サイコソシアル・エマージェンシー）です。医師に「おめでとうございます。かわいい男の子ですね」と言われ、そのまま出生届を出してしまえば、あとで女の子に性別を変更するのは、あるいはその逆も、**本人にとっても周囲にとっても、大きな決断が必要になります**。

誕生したときに赤ちゃんの外性器を見て男性か女性かを見極めることが難しい場合には、まずその原因を探ります。いろいろな検査をしながら、2週間から遅くとも4週間以内ぐらいには男の子か女の子かをご両親に決めていただくことになります。

法律で定められた戸籍提出期限は生後14日以内ですが、このような事態では、医師の診断書があれば提出を遅らせることができます。先ほどお話ししたように性別の決定は非常に重要で、男性と判断したならその子にとって何が幸せで何が不幸せか、女性と判断したなら何が幸せで何が不幸せか、ということをご両親と小児科医が一緒になって考えなくてはなりません。

生まれたときから決まっている「男らしさ」、「女らしさ」

社会が多様化した結果、男の子と女の子の間に、言ってみれば「いろいろな性別」の人がいることが一般的にも広く認識されるようになってきました。たしかに、多様性を認め享受することは成熟した社会にとってとても大切なことです。ただ、男性と女性ははっきりと異なる、という認識も重要です。

例えば、男性の中でとても女性的な人と、女性の中でとても男性的な人が、あらゆる点で同等の存在かと言えば、もちろんそうではないと思います。いわゆる〝男女平等〟についても、社会的な議論はいろいろあってしかるべきですが、何もかも同じにすべき、という主張には医師としては違和感を覚えます。**男性と女性がそれぞれの個性を生かし、異なる役割を果たすことは、すごく重要だと思うのです。**

女の子として生まれた子が、女の子として育てられて、女の子として生まれたことを幸せに思いながら生きることは、幸せな人生の第一歩だと思います。男の子もそうです。

女の子は、お母さんがやさしく家庭を支えている姿や、幸せそうな笑顔や女性らしいしぐさを見て、「私もお母さんみたいになりたいな」と思う。**それが「女に生まれてよかった」と思える原動力なんです。**一方、男の子が「男に生まれてよかった」と思うのは、お父さんが頑張って働いて家族を守っている様子や、野球やサッカーを教えてくれる頼もしい姿を見て「男ってかっこいいな」と感じるときじゃないですか。

男の子らしさ、女の子らしさには「揺らぎ」があります

男性になるか女性になるか、すべては遺伝子で決められています。ときには遺伝子に問題があって男性化の異常が起きたり、誤った女性化が起こるなど、想定外の変化で男女がクロスして、運命が変わったりすることはありますが、妊娠中のお母さんの行動や生活の問題ではありません。

いずれにしても、**男性になる、女性になる、という現象に、環境・努力は必要ありません**。すべては遺伝子の仕組みに従って起きること。変わらないし、変えようもないんです。

XYという染色体を持つ我々男性は、Y染色体を持たない女性に比べると、性格や行動パターンがよくも悪くも〝男性的〟です。男の子は幼稚で落ち着きがないですよね(笑)。

少し専門的な話になりますが……ごくまれにXYYと、2つのY染色体を持っている男性がいます。Yが多いと、さらに男性的な性格が強調されてしまうんですね。男の子のやんちゃぶりも、遺伝子で大枠が決まっているというわけです。

お腹の中にいるときから何か月もかけて、遺伝子のシナリオに従って起こるドミノ倒しによって、男の子は男の子として、女の子は女の子としてからだがつくられ、脳も性別に合わせた状態になって生まれてくるのです。

男の子にピンクの服を着せたって女の子になるわけではありませんよね。ただここで大事なことは、**遺伝子のシナリオにはいい意味での〝遊び〟があるということです**。遺伝子で決められることは一直線で、そこからまったくブレないというわけではなく、ある一定の「揺らぎ」「振れ幅」があって、その範囲から外れないように調整されているものなのです。

だから、男性寄り・女性寄りっていうのはあります。環境によってどちらかに**〝正常に〟揺らぐことは当たり前の現象ですし、むしろ好ましいことではないですか**。やさしくて穏やかで、まるで女の子のような男の子、がんばり屋さんで無邪気で、まるで男の子のような女の子、どちらも素晴らしい個性ではありませんか。

ありのままの姿を受け入れてあげること

左利きを訓練によって右手も使えるようにする程度は可能ですが、遺伝子によってある程度決められている個性、性格や行動パターンを、しつけや教育で根本から変えることはほとんど無理、むしろ有害だと考えてください。

強い個性が人格の偏りのように感じられる場合であっても、多くは「遺伝子のシナリオにある正常な振れ幅」でしかないのでは。気にする必要はないと思います。同級生の中で、ものすごくやんちゃな子と分別のある子の差だって、大したことではありません。正常か異常かと言われれば、みんな正常です。

その小さな差が親にとっては気になるものだとは思いますが、やんちゃな息子、引っ込み思案な娘に困っているお母さんお父さんも、あまり神経質にならずに、「男の子はそんなもの」、「女の子だもんね」とおおらかな気持ちで接したほうがいいのでは。

親の思い通りの子に仕上げるために、他の大勢の〝よい子たち〟と同じように行動するようにと叱って無理強いするのではなくて、ありのままの姿を受け止めてはいかがでしょうか。

男の子であれ、女の子であれ、**その子が持って生まれた性格をよい方向に生かし、社会の中で健やかに育っていけるように見守ることが育児の目的だと思うのです。**

病気にならないために、子どもの免疫力を高める必要がありますか。

新型コロナウイルスが世界中で猛威を振るっています。治療法が確立していない未知の感染症と聞くと、小さなわが子をどうやったら守れるだろうかと不安が募ります。そこで気になるのが免疫力です。免疫力があれば、たとえば風邪も引きにくくなるのでしょうか。免疫力を高める方法はありますか。

新型コロナに対しては世界中の誰も免疫を持っていません

新型コロナウイルスは人類にとって大きな脅威となっています。それはこのウイルルスが、今まで世界中で誰ひとりとして経験したことのないものであるということが理由です。

この世には多種多様なウイルスや細菌が存在しています。人間のからだはそれぞれのウイルスや細菌を一度経験すると、その情報を記憶し防御する力ができ、次は感染しにくくなったり、感染しても軽い症状で治るようになったりします。このような防御力が免疫力の主体です。

でも、**新型コロナウイルスは、免疫を持っている人が誰ひとりいないので「為《な》す術がない」わけです**。潜伏期間や症状などがまだ詳しくはわかっていませんし、治療法もないので、とにかく感染しないように気をつけるしかないということです。ちなみに重症化しているのは、多くが体力のないお年寄りや、さまざまな合併症を起こしやすくする基礎疾患をお持ちの方々です。

風邪でもインフルエンザでも、そういう人が感染症にかかると重くなることは珍しくありません。感染症全般にあてはまる特徴といえることで、新型コロナウイルスが特別というわけではありません。

免疫力は食べ物では鍛えられません

風邪を引きやすいか、体調を崩しやすいか、ということと「免疫力が高いか低いか」ということとは、免疫不全と呼ばれる少数の病気の方々を除くと無関係のことがほとんどです。また、特定の食材を食べると免疫力が上がるなどと言われていますが、からだにいいと信じて美味しく食べることは無駄とは言いませんが、免疫力を高めるという観点からはあまり意味はないと思われます。

免疫力というのは、人間のからだが病原体や毒素、場合によってはがん細胞などの「異物」を認識してその侵入を阻止したり、排除する力です。**人が生きていく上でとても重要な力なので、そうやすやすとは低下しません。**免疫力は人がもともと持っている遺伝子でしっかり守られていて、極端に偏った食事や極度のストレスでもない限り、基本的にその力に大した個人差はないのです。

免疫力が下がればがんになりやすいという科学的データはありますが、免疫力が下がれば必ずがんになるわけでもないし、がんになった方の免疫力は必ずしも低いというわけでもない。そもそも、がんにかかりやすくなるほど免疫力が下がることは通常ではありません。さらに、がん細胞に対する免疫力なんて、そう簡単に調べられるものでもありません。

免疫力はごく簡単に言えばT細胞とB細胞という2種類のリンパ球と好中球と呼ばれる白血球たちによって支えられています。それらの細胞は、ウイルスや細菌に対する免疫抗体をつくったり、食べたりする（貪食する）働きを持っています。**これら免疫細胞の働きに大きな個人差はないと思っていいでしょう。**

仮に免疫力が落ちている状態にあれば、それは立派な病気です。実際、免疫不全という生まれつきの病気があって、普通ではかからないような珍しい感染症にかかったり、通常はそれほど重くならないはずの風邪のような病気なのに重症になってしまったりする人がいます。ただ、それは本当にまれなケースです。

風邪を引きやすいのは免疫力の問題ではありません

風邪を引きやすい子と引きにくい子というのも、免疫力の差で説明されるものではありません。感染症にかかりやすい最大の要因は「環境」です。生活環境、季節、感染症の流行状況などが代表的な環境要因です。

ところで、お子さんについて「ウチの子、最近、風邪を引きやすくて」と相談を受けたら、僕はまず「保育園に通い始めたのではないですか」と聞くようにしています。**保育園や幼稚園に行き始めた頃は、毎日たくさんの子どもと触れ合うので風邪を引きやすいんですね。**個人の免疫力とは無関係に、最近よく耳にする〝濃厚接触〟するような場所に行けば、なんらかのウイルスに感染してしまうということです。

小児科医も1年目は、感染症にかかった子どもたちからウイルスをもらって、しょっちゅう風邪を引くものです。それを繰り返しているうちにさまざまな感染症に対する免疫ができて、やがては〝鉄人〟のように丈夫になる。僕なんて30年以上も風邪を引いたことはないですね。つまり何事にも〝経験〟が必要だということです。

生まれたての赤ちゃんの免疫力は？

赤ちゃんには免疫力がないかというと、そうとも言えないんです。赤ちゃんはお母さんのお腹の中にいる間に、へその緒を通じて免疫タンパクつまり抗体をもらいます。生まれた途端にいろいろなウイルスにさらされることになりますが、簡単には病気にならないようにお母さんがちゃんと抗体を与えているわけです。他には、母乳も赤ちゃんの免疫力アップに一役買っていると考えられています。

生まれたての赤ちゃんはあまり病気をしないのですが、半年ぐらいたつと、お母さんから受け継いだ抗体がなくなってきます。その頃から自分の免疫力で自分を守れるようになっていくんですね。気づかない間に友だちから風邪のウイルスをもらって熱を出し、親を心配させることもあるけれど、**そのような経験を経て赤ちゃんは免疫力を獲得していきます**。１回経験しないと身につかない免疫力っていっぱいあるんですよ。

異物にはウイルスや細菌ばかりではなく、牛乳タンパクとか卵白などの食品も含まれます。これらの食品に早くから少しずつ接することによって正しく免疫力が育ち、かえってアレルギーを起こしにくいからだになることもわかってきました。

感染症の中には、時に症状が非常に重くなったり、後遺症を残したりするものがあります。感染症にかからないように、あらかじめ害をもたないウイルスをからだに入れて免疫をつけるのが予防接種の仕組みです。本物のウイルスが体内に侵入したときに「あ、知っているやつだ」とやっつけることができるわけです。

免疫力が何らかの原因によって弱くなれば感染症にかかるリスクが高まりますが、強すぎればアレルギーを起こします。免疫力は弱くても問題ですが、強すぎても問題なのです。車のアクセルとブレーキの関係のようなもので、バランスが大切です。免疫のアクセルを踏みすぎると食物アレルギーになることもあるし花粉症にもなります。でもブレーキを踏みすぎると今度はウイルスや菌が侵入してしまいます。**通常の生活をしていれば、免疫反応は自然にちょうどよくバランスが保たれるようになっています。**何事も、バランスが大切です。

第2章

子どもの能力を伸ばすために、親ができることはありますか。

早期教育は、必要でしょうか。どういう効果があるのでしょうか。

胎教、という言葉があるように、お腹の中にいる頃から、何かしてあげたいと親は思うもの。生まれた後も、スポーツでも勉強でも早いうちからトレーニングを始めたほうがいいのでは、と「早期教育」を考えるのは自然なことかもしれません。その効果はどれくらいあるのでしょうか。デメリットはありますか。

脳のしわの一本一本まで、遺伝子が決めている

人間の脳にはしわがありますが、赤ちゃんの脳はいつからしわがあると思います

か？　予定日よりも早く生まれてくる早産の赤ちゃんのうち、日本では妊娠22週以降に生まれた場合に救命の対象となり、ひとりの人として治療を受けることになります。体重でいうと３００グラムくらいの小さな小さな人です。

赤ちゃんは、命をつなぐための治療を受けることになります。保育器の中に入っている間に呼吸の状態が悪くなったり、感染症にかかったり、ショックを起こしたりすることもあります。

さて、22週くらいというと、赤ちゃんの脳にはほとんどしわがありません。そのような状態で誕生した小さな赤ちゃんでも、保育器の中で１か月、２か月と過ごす間にだんだん脳にしわができていきます。これは本当に神秘的で驚くべきことです。脳にしわがつくられる段取りは、まるで折り紙を折るように、遺伝子によってあらかじめしっかりと決められているのです。早産で生まれて数か月間を保育器の中で過ごしても、脳の表面には大人と全く同じパターンでしわが刻まれるのです。

脳の形や機能がつくり上げられていく過程での遺伝子の〝決定力〟は圧倒的に強く、少々環境が悪くても、大切な部分はしっかりとつくられていくように約束されています。これは脳以外のからだの部分についても同じことです。

遺伝子に守られているから、環境が悪くてもきちんと育つ

例えば、体重は食生活や運動などの環境要因によっても大きく変化しますが、身長は遺伝的に決められている部分が大きいので、いくらたくさん食べても、鉄棒にぶら下がっても、なかなか伸びたりしません。

脳の形や働きも簡単には環境要因に左右されないように守られています。たとえ十分な栄養が取れないような厳しい環境で育った子どもでも、脳の大きさや形、そして働きは変わりません。脳は非常に大切な臓器なので、遺伝子でがっちり守られているのです。

たとえ未熟児として小さく生まれても、脳を含めて体中の臓器が予定通りに作られ、そこに予定通りの機能が宿っていくように約束されています。ひとりの赤ちゃんが育っていく様子は、**人が動物として進化してきた道筋を思わせるほど、頼もしく揺るぎないものなのです。**

胎児のときから「子育て」は勝手に始まっています

胎教として、胎児のときに音楽を聞かせるお母さんも多いと思いますが、残念ながらお腹の中の赤ちゃんにはほとんど聞こえていません。お母さんの心拍は聞こえているようですが。モーツァルトを聞こうが工事現場にいようが、変わらないということです。

ただ、「いい音楽だなあ、この音楽を聴くと気持ちいいなあ」など、音楽を聴いてリラックスしているお母さんの気持ちが、何らかの形で赤ちゃんに伝わっているとは思います。

つまりどんな音楽を〝聞〟いているかではなく、どんな気持ちで〝聴〟いているかが大切です。お腹の中の赤ちゃんに向かって「お母さんはこの歌が好きなのよ」「一緒に聞いてね」と語りかけることです。

赤ちゃんがお腹にいるときから、そのようなコミュニケーションを取っていると、生まれてきた際、「やあ、よく出てきたね」「やっと会えたね」というところから親子の関係が始まりますよね。妊娠中にお腹の赤ちゃんに興味が持てないお母さんやお父さんの場合には、残念なことですが、せっかく生まれてきた子どもに虐待をしてしまうような不幸なことも起こりかねないのです。

音楽そのものが直接胎児の発育に働きかけることはないにしても、音楽を通じて親子のコミュニケーションを取りながら生まれてきた子は、愛情に包まれて人生のスタートをきることができる。そういう意味では、**子育ては胎児のときから始まっているというのは事実です**。

お子さんに生まれつきの病気があったり、成長や発達に問題があったりすると、「妊娠中に無理して仕事を続けていたせいかもしれない」「妊娠中に飛行機に乗って里帰りしたせいだ」と、まるでお母さんの責任であるかのように決めつけられることも少なくありません。さらに、お母さんご自身も「自分のせいだ」と思ってしまうことが多いものです。子どもに起こるすべての不幸なことは皆、母である自分のせい、と感じてしまうのです。これは、母親が持っている「やさしく切ない母性の仕業」ではないでしょうか。しかし、そんなことはまったくないです。

赤ちゃんはお母さんとお父さんから半分ずつもらった遺伝子でしっかり守られてい

ます。堅牢な金庫の中で過ごすようなものなのです。

不幸にして流産になったり、子宮の中での発育が遅かったりするのも、多くの場合は、お母さんのせいでも、産科の先生のせいでもなく、赤ちゃんが持って生まれた運命によるものなのです。

「素質のないもの」「向いてないこと」をやらせるのは逆効果

教育環境は重要な環境要因のひとつですね。早期に質の高い教育を施すことが子どもの運命を左右すると考えている親御さんは多いものですが、基本的にはそうではないと思います。**特定の勉強、科目が得意か苦手かは、教育効果よりも生まれつき決められていることのほうが大きい。**運動能力にも同じことが言えます。

早いうちからスポーツなり、勉強なりをさせれば、それだけメリットがある、というような「早期教育神話」は根強いですね。

親としてやらせてみたいことがあるのなら、ぜひ、やらせてみたらいいと思います。ただし、早くできるようになる、ということはあるでしょうけど、それ以上でもそれ以下でもない……つまり、将来的に結果は大きくは変わらないと思います。

2歳から水泳をやっているからといって、親が平均的な運動能力の場合、子どもがオリンピック選手になるかというとその可能性は低いです。だから、習いごとを始めた以上は「2年間続けるべし」「週3日はやるべし」などということにこだわらないほうがいいと思います。子どもが嫌がる習いごとであるなら、〝無理せずやめさせたらどうですか〟〝他にやってみたいことを試してみてはいかがですか〟と私ならアドバイスします。よく考えての選択であれば、**途中でやめたからと言って意志の弱い子になるということはないと思います。**

親の夢は子どもに託さない。夢は自分でかなえましょう

その子の持つ性格や特性も、環境要因よりも遺伝的要因で決まる部分が大きいと言われています。早くから水泳をやらせたら競泳選手になり、幼稚園のうちに算数をやらせたら数学者になり……ということには普通なりません。

ですからスポーツや習いごとは楽しみとしてやるのがいいと思います。ましてや、

意志の強い子に育てるために頑張らせるという考えでは、決していい結果は得られません。

また、ご自分が果たせなかった夢を、子どもにかなえさせようとするのはどうかと思いますよ。**子どもに託さずに、今からでも遅くないですからご自分でやってみてください。**もちろん、「何が好きか」という嗜好《しこう》も遺伝する可能性があるので、両親の得意なこと、好きなことを子どもにやらせてみたら、それが向いていたということは十分にありえます。

ただ、神様が与えた（つまり遺伝子が決めた）その子の才能を「無理強いの早期教育」で捻《ね》じ曲げないほうがいい。その子本来の個性を生かすほうがいい。

学校に行きたくない子は行かなくていい

私の外来に「学校に行きたくないという症状」の子がやってくることがあります。その子たちには「学校には行かなくてもいいよ」と話します。そしてご両親にも「学校に行かなかっただけでその後の人生を踏み外した人を見たことない。社会に出てから仕事に行きたくなってしまうことがあるけれど、そういう人のほうが大変な苦労をしておられる。お休みしたいなら義務教育のうちにお休みさせておあげなさい」とお話しします。

親はたいてい驚きますね。でもそんなものですよね。**嫌だと思っていることを無理にさせてもいいことなんてないわけです**。なるようにしかならないと腹をくるしかない。そしてそういう状況を悲観的にとらえず、どのようにすれば我が子のためになるか前向きに考えること。

苦しんでいるお子さんに共感することから始めてみませんか。お子さん自身が、失った自信を回復できるように、褒め言葉であふれるような家庭環境をつくってあげることが大切だと思うのです。

自分に自信を持てる子になるかどうか、それが一番大事

現代の日本の実情を考えたとき、特殊な環境、病的な状態を除けば、子どもを育てる上で足りないものは何もないと思うのです。

十分な義務教育が用意され、衛生環境もよく、いろいろな家族形態はあるにせよほとんどの家庭で子どもたちは大事に育てられている。

そのような状況では、環境要因で何か上乗せしないと後悔するといえるものはないと感じます。よりよいものを用意しなくてはと慌てなくても、お子さんとの生活をごく普通に楽しんでいただければ、子どもが生まれつき持っている可能性を阻害することはありません。

やりたいことをやらせておけばいいと思いますよ。小さい頃から勉強させたからといって、将来の知能が高くなるとか低くなるとかいうことはありません。

何かを変えられるとすれば、自分に自信を持つ子になるかどうかということ。**「自己肯定感」を持てるかどうか、そこには親の力、環境の力が関わってくるでしょう。**

お受験にも無理強いは禁物

小学校受験を考える方もいらっしゃると思いますが、その過程を通じて、いいお友達がたくさんできて、豊かな日常生活を送れるならいいのでは。でも、受験に備えて

「いちばん好きな食べ物は？」と質問されたときに、本当は日曜日の朝に家族で行くファストフード店のハンバーガーとポテトが何より好きなのに、「お母さんが作ってくれるオムレツが大好きです」と答えさせる。こうなると、受験準備も長い目で見れば逆効果です。子どもに「ウソ」をつかせることになってしまいます。

また、勉強だけでなく食生活についても無理強いは禁物です。例えば、この栄養素をとってないと知らないうちに恐ろしい病気になる、というテレビ番組がよくありますよね。現代の日本で特定の栄養素が極度に欠乏したために病気になるということはまずありません。

からだに不可欠の栄養素を必要量の2倍、3倍と摂取したからといって、さらに健康になるかというとそうはならない。たとえ自然食品であっても、過剰摂取すれば中毒になることもあります。その意味では、教育も大事な栄養素と同じようなものかもしれませんね。何事もバランスが大切です。

特殊な食事を工夫しなくても、楽しい食事であれば子どもたちはすくすく育つように、特殊な早期教育がなくても子どもたちはのびのび育つものです。**子どもたちに与えられた〝育つ力〟です。その原動力が自己肯定感です。**

持っている能力は〝必要なとき〟に自然と発揮されます

小学校に入る前から学習塾に行っている子は、たしかに計算ができたり、文字が書けたり、ほかの子よりもできることが多くなります。しかし、その子たちが数年後に、あるいは大人になったときに、真の意味で「優れた人」になっているのか。少なくともぼくは、そうしたことに関するしっかりとしたデータを見たことがありません。

早期教育を受けた子と受けなかった子という違い以外に、住んでいる地域、世帯収入、家庭環境など、極めて多くの要素がその子の将来の生き方に影響する可能性があるからです。早期教育の功罪を確かめるには、これらの要因の影響をすべて考慮に入れた研究が必要になるのですが、とても膨大で難しい研究になると思います。そう簡単には結論は出ないはずです。

ただぼくの個人的な意見は明確です。たとえばいち早く自転車に乗れるように訓練した子と、小学校高学年までそのような機会がなかった子で、**将来の運動神経に差はないと思います**。ぼくの家庭は子どもに自転車を買い与える経済的余裕がなかったので、小学校に上がってもひとり、近所の家庭から譲り受けた赤さびだらけの三輪車に乗っていた記憶があります。恥ずかしい思いをしたことは鮮明に覚えていますが、それによって運動神経の発達が損なわれたとまでは思っていません。

つまり「早さ」に意味はない。遺伝子により約束された能力であれば、劣悪な環境によって押しつぶすことさえしなければ、**必ずそれは〝必要なとき〟に発揮されるはずなんです。**

遅かれ早かれ必要なときに、できることはできるようになるんです。

できないことはできなくていい

逆に言うと、できないこと、嫌いなことはできなくていい、そんなことで自信を失わなくていい。だからこそ、親として子どもの「できること」「得意なこと」を探してあげることが大切です。

それが勉強なのか、スポーツなのか、芸術なのか、それともまったく別のことなのか。お友だちのことで、涙を流して一緒に悲しんだり喜んだりすることができる小学生がいます。それも素晴らしい才能なのでは。今は何かがわからなくても、子どもには必ず「天賦の才」があるはずです。

小さい頃から、「これならできる！」という経験を積ませることが何より大事です。しかし、強制したり、根を詰めてさせたりしないことです。スポーツでもなんでもそうですが、最初の頃が一番おもしろいことも多いのでは。極端な話、そのへんでやめてしまっても悪くないのでは。そして、子どもに自信をつけさせる。すべてのことは上にいけばいくほど困難になりますからね。上級になればなるほど頭打ちになりますから、それはそれで貴重な体験ですが、あまり小さなときから挫折感を味わわせないほうがいいんじゃないかな。

子どもの頃は、上級レベルを目指して挫折感を味わうより、「うまいね」「上手！」とたくさん褒めて「私ってすごい！」「ぼくはできる！」という気持ちを持たせることが大切です。**子どものうちに成功体験を積んだ人間は強いですよ**。「自分大好き」は子どもたちにとって大きな力です。

コミュニケーション能力は、どうすればアップしますか。

小さな子どもがおしゃべりをするようになり、だんだんお友だちともやりとりをするようになりますが、うまくいかずに泣き出してしまうことも。そこで気になるのは「コミュニケーション能力」。コミュニケーション能力は、そもそもどのように身につくものなのでしょうか。幼少期の育て方によって左右されるものなのでしょうか。

コミュニケーション能力を測ることはできません

「コミュニケーション能力」というもの自体を測ることは難しいですね。共通の基準

郵便はがき

料金受取人払郵便

銀座局承認

9422

差出有効期間
2021年1月3日
まで

※切手を貼らずにお出しください

1 0 4-8 7 9 0

6 2 7

東京都中央区銀座3-13-10

マガジンハウス
書籍編集部
愛読者係 行

ご住所	〒		
フリガナ		性別	男 ・ 女
お名前		年齢	歳
ご職業	1. 会社員（職種　　）　2. 自営業（職種　　） 3. 公務員（職種　　）　4. 学生（中　高　高専　大学　専門） 5. 主婦　6. その他（　　）		
電話		Eメールアドレス	

この度はご購読ありがとうございます。今後の出版物の参考とさせていただきますので、裏面のアンケートにお答えください。**抽選で毎月10名様に図書カード（1000円分）をお送りします。**当選の発表は発送をもって代えさせていただきます。

ご記入いただいたご住所、お名前、Eメールアドレスなどは書籍企画の参考、企画用アンケートの依頼、および商品情報の案内の目的にのみ使用するものとします。また、本書へのご感想に関しては、広告などに文面を掲載させていただく場合がございます。

❶お買い求めいただいた本のタイトル。

❷本書をお読みになった感想、よかったところを教えてください。

❸本書をお買い求めいただいた理由は何ですか?

●書店で見つけて　●知り合いから聞いて　●インターネットで見て
●新聞、雑誌広告を見て(新聞、雑誌名＝　)
●その他(　)

❹こんな本があったら絶対買うという本はどんなものでしょう?

❺最近読んでよかった本のタイトルを教えてください。

ご協力ありがとうございました。

をもとに優劣を決めることは、本来できないものだと思います。１００ｍ走のタイムとはちょっと違います。

そもそも知能というもの、例えば知能指数（ＩＱ）なども、実は正確に測ることは難しいのです。中でも、コミュニケーション能力は測ることが難しい指標の最たるものです。相手あっての能力ですから、相対的なもの、主観的なもののはずなのに絶対的、客観的な評価をしようとしている時点でちょっとおかしい。

とはいえ我々は、どういう観点でコミュニケーション能力の優劣を感じ取っているのでしょうか。ぼくは、その場にふさわしい手段で、互いに共感できるような関係をつくり出せるか否かではないかと思うのです。日本で大多数の人が使う手段は、日本語によるコミュニケーションですね。簡単にいえば、共通言語を用いて考えや気持ちを分かち合う力がコミュニケーション能力ということになるわけです。逆に、「コミュニケーション能力が低い」とは、一般的には「意思の疎通ができる相手や場面がかなり少ない」ということでしょうか。

しかし、**言葉による意思疎通がコミュニケーションのすべてとは限りません**。また、多くの人と分け隔てなく考えを共有できる人ばかりがコミュニケーション能力の高い人とは限らないのではないでしょうか。

極端な例として、画家のゴーギャンとゴッホはいかがでしょうか。普通の人から見たら、コミュニケーション障害ではないかと思えるような言動もあったと言われていますね。まわりからすれば二人はまさに変人だった。でも、この二人、ある意味すごく仲がよかったんです。二人の間では、互いにしっかりコミュニケーションが取れていたとも言えます。

さらに、彼らの絵画作品には強烈な説得力があって、時代を超えて人々に感動と共感を伝えることができていますよね。非常に特異な形ではありますが、これも高いコミュニケーション能力の為せる業《わざ》といえるのではないでしょうか。芸術家の残した作品はどれも、凡人には一見、理解しがたいように見えて、しかし実は誰にでも共感できる、「最強のコミュニケーションツール」なのでは。

男の子と女の子ではコミュニケーションの仕方が異なります

コミュニケーションの方法に性差があることはよく知られており、それは子どもでも見られます。一般に女の子は言葉によるコミュニケーションを好みます。一方で男の子は、追いかけっこでどっちが速いか、からだのぶつけ合いでどっちが強いか、競い合ったり一緒に行動したりする中でコミュニケーションを楽しむ傾向が強いですね。

子どもの頃からコミュニケーションの仕方には「個性」があります。男の子と女の子で違うし、当然女の子の中、男の子の中にもいろんなタイプの子がいる。**ちなみにコミュニケーションの方法が似ているとだいたい仲良しになるものです。**

コミュニケーションの方法は個性の表れとも言えます。子どもの頃に発揮される個性は、ある意味自然な姿、天性のものであって、大人になっても本質的にはずっと変わりません。男の子にとってのコミュニケーションとは基本的には「競い合い」と言いましたが、《かけっこで友だちに負けたくない》という気持ちと、《おれの家族はよその家族よりも幸せなはずだ》という気持ちは、本質的には同じでは。

他者とコミュニケーションを取るなかで、どこかで負けてられないっていう気持ちを抱くことは、男性としては健全なことなのです。つまり、**男性は非常に客観的・相対的で、誰かと何かを比べる傾向があります。**そのような特性は「父性の特徴」とも言えるのではないでしょうか。

逆に女性の場合は、相対評価ではなくて絶対評価。そして主観的。子育てでも、「いろいろあったけど、うちの子がよければそれでいいや」と思えるのが強みです。そのような特性は「母性の特徴」とも言えるのではないでしょうか。

ただ、最近のお母さんは子どもの成績がどうとか、ピアノはどっちがうまいとか、結構、客観的に比べる傾向がありますよね。**お母さんには本来の女性のよさ、母性のやさしさというか懐の深さを失わずにいてほしいな、と思うのです。**

もちろん、男性でも温かな母性をしっかり発揮されている方も多いですし、女性でも父性豊かな方はたくさんおられますよね。コミュニケーション能力における性別にも「素敵な揺らぎ」があるものです。お母さんとお父さん、母性と父性、バランスとって、互いにコミュニケーションをとって、お子さんを見守っていただきたいものです。

気の合う仲間と楽しい時間を過ごすことが大切

子どもには多くの友だちをつくってもらいたいし、そのためにコミュニケーション能力をつけてもらいたいと親としては思うこともあるでしょう。それには、〝いい経験〟を積ませていくことです。

例えば野球。毎打席空振りしていたら練習にならないけど、何回かに一回カーンといい当たりがでることによって「リインフォースメント（reinforcement）＝強化」が起こります。

つまり失敗と成功を織り交ぜて、その中で着実に、少しずつ成功体験を積み上げることによって身につくものがあり、それが上達のためのポイントです。コミュニケーション能力を身につけさせたいのであれば、気の合う人、話をわかってくれる人と一緒に楽しい時間を過ごすことはとても有効な方法です。

でも、仲のよい友だちとできるだけ遊ばせるようにわざわざ仕向ける必要はありません。子どもたちにとっては、コミュニケーション能力のベースを身につけることはそれほど難しいことではないのですから。

基本は親子のコミュニケーションでも同じ。**〝いい経験〟を積ませて〝楽しい気持ち〟をたくさん抱かせることが大事です**。でも特に意識する必要はありません。子どものコミュニケーション能力を育てるために「いい会話をしなくちゃ」「楽しい時間をすごさせなきゃ」なんて肩肘張らなくていい。無口なお父さんなら「ふーん」なんて素っ気ない返事でも十分です。子どものことを大切に想ってさえいれば、口から出てくる言葉はそれほど気にしなくていい。

親が無口でも問題ありません

明るくて気さくな家族が子どものコミュニケーション能力の育成に不可欠か、というと、それは違うと思います。**コミュニケーションの仕方に表れるその子の個性は、遺伝的な素因で決まる部分が意外に大きいものです。**もちろん豊かな家庭環境によりコミュニケーション能力が存分に発揮されることもあると思いますが、それはあくまで持って生まれた個性が「生かされた」ぐらいに考えたらいかがでしょう。

子どもが社交的なのを見て、無口なお父さんが、誰に似たんだろう、と思うこともあるかもしれませんね。もしかするとそのお父さんは、もともと社交的な性格なのに小さいときにそれが発揮されなかったのかもしれない。あとはお母さんから受け継いだ素質、とも考えられます。パパとママの遺伝子が平等に子どもに受け継がれていることには、大いに意味があるんです。

いずれにせよ、その子には持って生まれた個性というものがあります。そしてその個性により、コミュニケーションの取り方もさまざま。ちょっとやんちゃな子は乱暴なコミュニケーションを好むし、思慮深い子はあまりアクションを取らずに柔らかくアプローチしていく。でも多少やんちゃであっても、やんちゃもの同士でコミュニケーションが取れていればまったく問題ないし、その中でより高度なコミュニケーションを身につけていけばいいわけです。

どのような場合でも、自然に接していれば大丈夫です。その第一歩として、**まずは家庭での気心の知れたもの同士のやり取り、心の通ったコミュニケーションを通じて、**子どもの〝能力〟を育んでいけばいいと思います。

子どもの才能、どうすれば早く見つけられますか。

とても活発だから身体能力が高いかな、絵本が大好きだから早く字が読めるかもしれない。わが子を見ていると、小さな才能の芽らしきものに気づくことがあります。できれば、少しでも早く「才能」を見つけて伸ばしてあげたい。見つけられる環境を整えてあげたい。それには、どういうことをすればいいのでしょうか。

才能は子ども自身が見つけるもの

わずか9歳で囲碁棋士のプロ試験に合格するなど、幼い頃から類まれなる才能を発揮して、活躍する子どもがいます。自分の子どもに持って生まれた才能があるとしたら、それを早くに見つけて伸ばしてあげたいと思う親心はあるかもしれません。

才能とはどういうものでしょう。**まず「発達と才能は別物」と考えてみるとわかりやすいかもしれません。**発達は段取り通りに進むべきもので、そのシナリオは遺伝子で決まっているものです。時期が来たら放っておいてもドミノ倒しのように順番に起こります。例えば、ほとんどの子が、まず首がすわって、次にお座りができるようになり、やがてつかまり立ちをしたら歩くようになりますよね。遺伝子によって堅く守られたシナリオのようなものです。

発達が他の子より多少早いか遅いかも、両親から受け継いだ遺伝子によって決まる部分が大きく、ちょっとした〝揺らぎ〟のようなものです。才能があるかないかとは別問題です。たとえば他の子より早く歩けるようになったとしても、**それは発達段階が少し早く訪れただけであって、才能が開花したわけではありませんね。**歩くという〝マイルストーン〟がシナリオ上、早く設定されていただけです。

一方で才能とは、遺伝子が描くメインのシナリオ、つまり成長や発達の進み方とは少し外れた、シナリオの余白のようなイメージでしょうか。余白のスペースがどれくらいあるのか、何を書き込むといい物語ができるのかは、誰にもわかりません。花開くその時までそっと隠れていて、自分自身にもわからないものが「才能」です。**あらかじめ目標設定することができないからこそ、才能といえるのではないでしょうか。**その子にとって、隠れた能力こそ「才能」なのです。

才能は余白の中にあります

生まれつき目の見えない方が音楽に秀でていたりすることはよくありますよね。これは、通常の発達で獲得されるべき機能の欠如、あるいはシナリオに空いた穴が、思わぬ才能が開花できるように余白を大きくしていたと考えることができます。

ここではっきりさせておきたいのは、子どものシナリオにある余白は子ども自身のために用意されているものだということ。自分で見つけて落書きするためにあるのです。親がその余白に勝手に書き込みをしたり、ましてや本文を加筆修正しようとするなんて、やってはいけないとぼくは思うんです。

才能をどう生かすかは、親ではなく子ども自身が自分の意思で決めるべきことです。子どもに何か得意なことがあって「特別な才能があるかも」と思っても、とやかく口を出さないことです。これは絶対に守ったほうがいい。

でも、子どもの早期教育とか習いごととか、いろいろやらしてみることが悪いと言っているわけではありません。無駄でもいいから、**やりたいと言ったことはやらせてみて、失敗してもまた次のことに挑戦させればいいんです。**

余白に何を書くか、それを自分で見つけるためにもいろいろなことにチャレンジさせることには意味があります。さらに言えば、いろいろなことにチャレンジしたという事実が大切です。ただ、誰もが何でもできるわけではなくて、家計の事情もあるでしょうし、時間にも限りがあります。あれもこれもは無理ですね。だったら、無理することはありません。

語学力と知能は別ものです

2歳ぐらいになると徐々にお話ができるようになる子もいる一方、まったく言葉が出ない子もいます。「うちの子は大丈夫だろうか」と心配になることもありますね。

言葉が遅いと脳の発達も遅れているのではないか、などと思ってしまいがちですが、言葉の発達以外にも明らかに発達の問題がある場合を除けば、言語能力と知能は分けて考えたほうがいいと思います。

外国語と比較するとわかりやすいかもしれないです。日本人はそもそも、聞き分けられる音韻の数がものすごく少ないと言われています。それは日本語が世界で最も母音の少ない言語のひとつだから。「あいうえお」しかないでしょう?

一方、英語の音はもっと複雑だから、多くの日本人は英語の音の微妙な違いを聞き分けられない。ちなみにスウェーデン語にはものすごい数の音韻があるので、彼らは外国語の習得にさほど苦労しないそうです。

でもだからといって、スウェーデン人の知能が諸外国の人々と比べて高いかというと、そうとは限りませんよね。つまり**言語の習得と脳の発達、そして知能にはそれほど強い関係はないものだと思われます**。

言語中枢は左脳にあるといいますが、そもそも生まれたばかりの赤ちゃんでは言語中枢というものが未完成です。そして日本語でも英語でも、それこそスウェーデン語であってもすべての音を聞き取る能力を持っているんです。ただ、多く聞き取れるから有能ということではありません。結局、人間の脳は、ものすごく多くの可能性を持って生まれてきて、成長の過程でそれを刈り込んでいくんです。

自分の生活環境に必要ないもの、使わないものを切り捨てていき、楽に幸せな人生を歩めるように無駄のない脳の働きに仕上げていく。この日本で生きて行く上で、人とコミュニケーションを取り、喜びを分かち合い、共感する……そのためのツールとして日本語という言語を使いこなしていくわけです。習得の難しい第二外国語をマスターできたからといって、知能が高くなったわけではありません。

言語はあくまでもツール。大事なのは何を考えるか

言語発達は、意味のある単語を発することから始まって、言葉をつなぎ合わせて文章にするようになる、といった具合に、あらかじめ決められた順番で進みます。

そして**その段取りにおいて「早い」「遅い」のバリエーションはかなり大きい**。そのバリエーションのかなりの部分が遺伝的素因で決まっています。つまり、個性のようなものなのです。

言葉の発達が遅いことを心配されて外来にこられる親御さんには、「お父さん、お母さんのどちらか、言葉が遅くなかったですか？」と質問します。言葉の出る時期以外では、歩く時期もそうですね。この手の発達の進みの早い遅いは、遺伝的要因が大きいといわれています。そして、言語発達の早さは、その後の知能発達とは別のことも多いのです。

さて、言語には、聞く言語と話す言語の2種類があります。聞く能力は話の内容を理解できるかどうか。上手に話せないうちから「お出かけしようね」と言われたら、さっさと靴を履くようになりますよね。これはきちんと聞いてわかっているということです。一方、話す能力は、伝えたい内容を考えてそれを言葉で表現し、発声するということ。

言語発達のシナリオによれば、「聞いて理解する」の後に「考えて言葉に出す」という順番になります。言葉の遅れが気になるお子さんでは、**「聞いて理解し、考える」までは良くできていて、最後の「言葉に出す」だけが遅いケースが大半です。**そのような場合には「とにかく待ちましょう。小学校に上がるまでには必ず言葉があふれ出してきますよ」とお話しできることがほとんどです。

早く言葉が出るようになる子が賢いとも限りません。日常生活では、話すということの多くが質問に答えるという行為です。そこで、ひとつ言えるのは、日常生活によくある質問にならすぐに答えられるのに、初めての質問には言葉は出てきづらいもの。経験的にその質問に対する〝道〟が舗装されているかどうか、という問題にすぎない。聞いて理解する、という部分については、おしゃべりが早い子と遅い子の差はさほどではないのです。

また、答える前に考え込んでいるように見えても、何かをじっくり考えて答えを探している証拠だからいいことだとも言えます。では、即答できる子が何も考えていないかって言うと、そうでもない……。

結局のところ、**言語能力は頭のいい悪いとは別問題だと思うのです**。言語の習得時期については、競争ではないのだから、大きな遅れでなければ思い悩んだりする必要はありません。

脳が震えるような会話をしましょう

会話は言語訓練ではありません。お子さんとの会話をただただ楽しんでください。まだお話できない子にも、たくさん話しかけてあげてください。そして一生懸命に言葉を紡ぎ出そうとしている子どもの気持ちに寄り添い、微笑みかけてください。大切にしてほしいのは、子どもに対して共感を持ってやさしく語りかけることです。それに対して子どもが言葉を発すれば、また温かい言葉を返してあげてください。**それを繰り返すことで、子どもは他者と会話することを心地よいと感じられるようになるはずです。**

そして徐々に言葉を覚えていき、〝達者なこと〟を言うようになるでしょう。お母さんが怒っている、悲しんでいる、あるいは喜んでいるという感情を含めて自分なりの言語で理解するようになり、「ごめんね」「だいじょうぶ?」「よかったね」と自然に言える思考回路が育まれていきます。そういう思考回路を育てることが、言葉の発達の過程でとてもとても大切なことなんです。

言葉は考えていることや感情を伝える「ツール」に過ぎません。もっと本質的な部分、つまり思考や感情をいかに育てるかに注力したほうがいいと思います。お母さんの言葉に何かを感じて、考えて、言葉を発する。**その間に脳が震えて、しあわせだとか、心地いいとか感じられればそれでいいんですよ。**

なにより大事なのは、人間としての魅力をいかに育むか、ですから。

子どもたちが競争するのはいいことでしょうか。悪影響はありませんか。

小さな子どもたちが集まると、ものを取り合ったり、一番を競い合ったりと「競争」が始まることは珍しくありません。競争は子どもの成長にどんな影響を与えるのでしょうか。小さい頃から競争ばかりさせるのも、子どもにはつらいことかもしれません。親はどんな態度で見守ればいいでしょうか。

成功や失敗の積み重ねが心を育みます

大人の社会は競争の連続で、小さな子どもたちもいずれその世界に放り込まれることになります。社会に出るための準備をする幼児期に、お母さんやお父さんに見守られながら競争を経験することは大切だと思っています。

幼児期を終えて小学校に入学すると、守るべき時間割やルールがあって、子どもたちは勉強や運動で競い合うようになりますね。その過程で、社会というものは大きな競争、小さな競争で成り立っていることを実感するのではないでしょうか。

そもそも私たちが何かを「楽しい、もっとやりたい」と感じる場面の多くが競争と関係しているのでは。競争した結果、勝ち負けがつくからこそ〝達成感〟〝満足感〟や〝生きがい〟を感じることができるわけです。ですから、**子どもにとっても競争は大切なものであり、多くを学ぶいい機会だと考えています。**

子どもはいつ頃から「勝ち」や「負け」を意識するのか、それは難しいです。赤ちゃんに聞いてみないとわからないですね。そもそも勝ち負けとは何か、という質問にちゃんと答えられる人も少ないのでは。ぼくの想像ですが、お母さんお父さんとの関わり合いの中で勝ち負けに似たような感覚を、かなり幼い段階から感じているのではないかと思います。

例えば、おっぱいやミルクが欲しくて泣いているのに、それをわかってもらえない状況は、ある意味〝負け〟なわけです。そう考えれば、赤ちゃんの頃から負けることを経験しているということになるかと思います。生後6か月以降に人見知りが始まるのですが、それは不快や不安をそれと認識し、実感できるようになることを意味します。単にお腹がすいて泣いている状況とは異なり、もう少し高度な快・不快の感情、つまり勝ち負けの感覚が目覚めてくる時期なのかもしれませんね。

おねだり通りに何かを手に入れれば「勝ち」の感覚が得られているとも言えます。お母さんお父さんとのやりとりの中で、「受け入れられる＝勝ち」と「受け入れられない＝負け」を赤ちゃんなりに感じていると。もちろん赤ちゃんはそんなことを言葉にしないのでぼくなりの解釈ですが。**ただ、そうした実体験を通じた勝ちや負け、成功や失敗の積み重ねは、乳幼児の心を育む上でとても大切なものであることは間違いないと思います。**

すべての競争は社会の縮図です

成功と失敗の組み合わせになっているから世の中は面白いわけで、成功ばっかりしていると、成功を成功と思えなくなると思うのです。失敗ばっかりの場合には……失敗を失敗と感じられなくなってしまうかもしれないですね。それはそれで恐ろしいことです。

要は、成功は失敗の反対側であり、その逆も真で、だから面白い。「失敗にも意味がある」ということを、経験を通じて知っていくことは大切です。それこそが、子どもが遊びを通じて学ぶべきことなのでは。

考えてみると、特に子どもにとっては、遊びってほとんどが競争ですよね。楽しいはずの遊びなのに、勝ってばかりの子がいると、負け続ける子は楽しいわけがない。勝っても負けても、やがては飽きてしまう。そこで遊びは終わります。**でも、子どもはみんなが楽しめるように自分たちでルールを変えていくものです。**

例えばトランプ。勝ったほうが次のゲームのためにトランプを切って配らなきゃいけないというルールをつくる。そうすると、勝つとうれしいけれど「あー、面倒くさいな」ってことになる。で、負けたほうは負けて悔しいけれど、ちょぴり「ラッキー」と思えて、そこに救いがあるんですね。こういうことを考えつくところが、子どものすごいところだと思うんです。

競争、つまり遊びは、社会の縮図だと思うのです。子どもたちは競争を楽しむために、ひとり勝ちのないみんなが楽しめるルールを見つける工夫をしているのです。まさに、子どもは遊びの天才ですね。それが子どものときから競争させることのメリットのひとつです。社会に出たときに他者との関わり合いを楽しむ上でとても役立つと思うのです。**つまり競争を通じて、他者を思いやる気持ちも育まれるのかなと。**

相手の顔が見えない競争はよくない

子どもの頃の競争というのは相手の顔が見えていることが不可欠です。相手と対面して、実体験の中で競争することで、勝つということ、そして相手が負けるということ、あるいは自分が負けるということをちゃんと体験する必要があります。

勝って思わず「やった！」と叫んでみたものの、負けたお友だちが肩を落としているのを見てハッとする。逆に、自分が負けて悔しいときに相手が喜びながらもねぎらいの言葉をかけてくれる。相手の顔が見える競争を通じて、勝ったうれしさ、負けた悔しさを積み重ねることで、成功することの喜びと同時に他者への思いやりが育まれるはずです。特に幼児期から小学生にかけては、遊びの延長線上にある競争をたくさんさせてあげるといいと思います。

逆に相手の顔が見えていない競争――例えばテレビゲーム、ネットゲームなどは実体験ではなく疑似体験、バーチャル体験です。実際に野球の試合を経験してこそ、野球ゲームでも勝つことの楽しさ、充実感を得ることができるようになります。すべての疑似体験は、実体験を積んでこそ価値あるものになるのです。

教育の世界で使われる〝偏差値〟も、ある意味でバーチャルな競争です。学内試験はともかく全国模試ともなれば、もはや見えない無数の相手との競争です。大きな集団の中で見えない相手と競争して、その結果が偏差値というもので数値化され、自分がどの位置にいるかということを思い知らされるんです。それはそれで必要だし、いい効果もあるでしょうが、上に行けば行くほど終わりのない過酷な競争となるものです。つまり上には上がいる。逆に、下に行けば行くほど無数の相手に負け続けている感覚になる。誰と競っているのかわからない。将来は受験などでそんな競争にも勝ち抜かなきゃならないことはあるにしても、**小さな子どもの頃から見えざる敵と競争させることは避けるべきだとぼくは考えています。**

負けることは多くを学ぶチャンス

競争原理というか、人は勝つからこそがんばれるということもありますよね。小さな子どもにもそういう感情はあるので、競争させたほうが目標を達成しようという意欲がわくし、実際に達成したときの喜びも大きくなるんですね。ひとりでがんばらせるよりも、複数でがんばらせたほうが子どもたちはがんばることができます。**競争は、がんばった結果を大きな喜びとして実感できるという点でも心の成長に大切なものです。**

必ず負けがあるところが遊びや競争のいいところです。なにかで競えば必ず負けることがあり、負けたら負けたで多くを学ぶチャンスを得る。大きな挫折感になるほどの負けは子どもには必要ありませんが、遊びの中で、つまりルールのある競争を繰り返す中で、小さな失敗、小さな挫折感を経験することは子どもの自己肯定感を育むためにもむしろ大切なことだと思うんです。「うまく行かなかった、でも、自分はこれでいいんだ！」と実感できるチャンスはなかなか得難いものです。

落ち込みやすい子も中にはいるかもしれませんが、失敗に弱いといっても程度の問題だと思います。1回負けたくらいですぐにあきらめる子なんて、まずいないですよね。

そもそも、勝てるようなこと、うまくできることをやりたがるのが子どもというものです。もし仮に、根気よく、前向きに負け続けている子がいたとしたら、それは親が負けることばかりやらせているのではないですか。

そもそも親自身は興味も才能もないことなのに、子どもには無理にチャレンジさせようとすることがあります。そういう場合、多くの子どもは挫折感、敗北感を感じる。敗北感自体が悪いとは言いませんが、そういう状況をもし親がつくったのであれば、その失敗から何かを学べるように導くのも親の責任だと思います。まずは「うまくいかないもんだな」「悔しいな」と子どもの気持ちに寄り添ってあげるといいんじゃないですか。そうすると子どもは「勝っても負けても、ママもパパも自分の味方なんだ、やさしく守ってくれるんだ」ということを実感する。とても大事なことです。

特に小さいうちは、負けやちょっとした失敗がその子にとって力になるように、**近くにいる親は共感し、褒めるべき点を見つけてあげることです。**そして「なにくそ！」ってチャレンジできるような次なる機会を与えてあげてください。そんな場面は、競争とか、遊びとか、あるいは兄弟げんかの中にも、たくさん転がっているはずです。失敗の体験がその子にとって次の力になるようにしてあげるのが教育や子育ての基本だと思います。

勝っても負けてもいいんです。勝ち組でいたほうが能力を発揮できる子も多いでしょうが、一方、負けん気が強くて、絶対にそのうち立ち上がれるはず、この子なら少しぐらい負け続けても大丈夫、と思える子もいるはずです。**お母さんお父さんは我が子をよく見て、その子に合った〝勝率〟を探してあげてはいかがでしょうか。**

子どもの興味を育てるために、親がしてあげられることはなんですか。

子どもの興味の種はどこからやってくるの？――わが子がなにかに集中したり、夢中になったりしている様子を見ると、そんな素朴な疑問がわいてきます。子どもはどういうことをきっかけに「なにか」に興味を持つのでしょうか。少しでも早く好きなことを見つけられるように、親は手助けできるのでしょうか。

「興味の種」は大人には見えないものです

子どもの興味がどこから芽生えるかは、大人たちが予測したり、コントロールしたりできることではありません。いいたとえとは言えませんが、それはまるでお風呂のカビのように、どこからやってきたのかわからないけれど、いつの間にか増殖するもの。いつの間にか子どもの中で大きくなり、態度や行動として見えるようになって初めて親はそれと気づくものなのでは。

その〝種〟は私たちのまわりにぷかぷかと浮遊しているけれど、子どもたちにしか見えない。映画『となりのトトロ』に出てくる〝まっくろくろすけ〟みたいなもので、興味を持った子どもはそれを追っかけていくんだと思います。**子どもがなにかを好きになるきっかけは、大人が想像するよりもいろいろな形で存在しているのではないでしょうか。**

大人でもそうですが、特に子どもは、出会ったとたんに「これだ！」と興味を持つことってありますよね。遊びに行った友だちの家で猫に出会い、そのかわいさに夢中になったりね。夢中になれるものを発見して、子どもが目を輝かせているのを見ると本当に幸せな気持ちになりますね。子どもの感性は非常に豊かで鋭いですから、放っておいても何かを見つけてくるものです。

そもそもなにかに夢中になる要素として「自分で見つけた！」と思えることも大切

です。小さな子どもの話ではないですが、例をあげると、おしゃれを自負する女の子たちは、「私がいいと感じて買ったら、流行り始めた」と思っているふしがある。流行を追っているのではなく、自分の好きな服を自分で選んで着ているんだと。実際は、お店に並んでいる服の中から選ぶわけですから、売る側の「今シーズンはこれ」という思惑に乗せられているというのが現実ですよね。でも彼女らは、あたかも自分が主導権を握って選んだと感じている。現実はそうではなくても、「自分で見つけた」と思い込めること……**これは、子どもがなにかを好きになったり、夢中になったりする条件としてとても重要だと思います。**

「自分で見つけた」と思えることが大事

親自身が興味を持っていることを子どもにも勧めること自体はよいことだと思います。スポーツでも、野球やサッカーなどメジャーなもの以外はきっかけがないと知ることもできないかもしれませんから。たとえばスポーツ一家に生まれた子は、〝スポーツ遺伝子〟を持っているもの。そして、その親がマイナースポーツの経験者だったり、大好きだったりする。そのスポーツをやらせるのは自然だし、正しい選択だと思います。なぜなら、その子もそのスポーツに興味を持ち、才能を開花させるチャンスがあるからです。**親が好きなものは子どもも好きになる可能性が高いんです。**

ただし、押しつけでなければ。それが大前提です。歌舞伎役者の家に生まれた子どもたちは2、3歳でも堂々と口上を述べたりするし、小さい頃から柔道とか卓球とかで頭角を現すような選手は、親が指導者だったりすることは多いものです。でも、それらは特殊な例です。どこの家庭にも当てはまることとは言えません。いずれにせよ親が「集中力がつきそうなスポーツだから」などという理由で、自分は体験したこともないし、それほど興味を持っているわけでもないことを子どもに押しつけるのはどうかと思います。

もちろん、たまたま好きになることだってあるかもしれない。子どもが続けたがるなら続ければいいけれど、興味を持てなければやめさせるぐらいの気持ちの余裕は必要でしょう。「こんなにお金かけたんだから、もっと上手になるまで、せめて試合に出られるようになるまでがんばりなさい！」なんてことになると、子どもは親に命令されていやいやながらやっている状態なわけです。そのような状況で、興味がわいてきて、才能が開花するなんてことはあまり期待できません。

興味を持てる「なにか」を子どもが見つけるために、できるだけ数多くの機会を与えたほうがいいという意見もあるかもしれません。正解はないと思いますが、チャンスは多ければ多いほどいい、というものでもないと感じます。チャンスが多ければ、いずれ当たるかもしれない――たしかに確率論的にはそうですが、**いっぱいありすぎると逆に感度が落ちる、ということも考えたほうがいいでしょう。**美味しそうなものがたくさん並んだバイキングに行くと、何を選んでいいのかわからなくなることがあるでしょう。あれと同じことが起きるのでは。

むしろ、退屈な日常の中でキラッと光るものを見つけたときの心のときめきこそがチャンスです。「何でもかんでも、とにかくいっぱい見せてあげなきゃ、やらせてあげなきゃ」と慌てる必要もないと思います。

子どもが夢中になり始めたら放っておきましょう

子どもが自分で見つけて興味を持ったり、夢中になっていることがあるなら、それが親にしてみればつまらないもの、役に立ちそうもないものであっても、その行為に水を差さないことです。もちろん危険なこととか、人として間違った行為はやめるべきですが、そうでなければ、とことんやらせてあげたらいいんじゃないでしょうか。

子どもはピンと来るときは来るし、これだと思うものがあれば夢中になってくれるものです。それが、どんなにつまらないものでもいいんです。親が望むようなものでなくてもね。**とにかく夢中になっている様子があったらちょっと放っておいてあげたほうがいい。**

うちの長男なんて、子どもの頃「これだ！」とピンと来たのは道端の石ころだったんです。外に出るといつもたくさん石を拾って、家に帰ってくる頃には服のポケットの中は石ころだらけでした。親としては困惑しないでもなかったんですけど、好きなようにさせていたんです。そんなある日、お隣の宝石商をしているおばちゃんが、「私も子どもの頃から石が大好きだったのよ。あなたいいセンスしてるね〜」と宝石展に連れて行ってくれたのです。そうしたらもう夢中になって、その場から動こうとしなかったそうです。

大人になった現在は石とは関係のない仕事をしていますが、いまだに石のことは大好きです。蒐集《しゅうしゅう》はしていないようですが、けっこうな知識も持ち合わせているようで石の話となるとうれしそうにしています。その姿を見ていると、「あのとき、お隣のおばちゃんのおかげで発芽したんだな」と思うんです。

親としては子どもが何かに興味を持っただけで、子どものやる気や才能にスイッチが入ったとか、将来、何かの役に立つかもしれないとか、そんなことを期待してしまうのでしょうか。でも多くの場合、それは的外れです。

子どもは多くのことに興味を持つ才能を持っています。興味の守備範囲が広いのです。

興味が長続きしなかったとしても、それを「飽きっぽい」「すぐ目移りする」と否定するのはお門違いです。親であれば、子どもの様子を見ているだけでわかるのでは。興味が湧かないとき、子どもはとても冷静に「いらない」「やらない」と言うものです。

夢中と依存は違います

興味のないことでも繰り返しやることで上達するものです。それはそれでいい経験です。そして、なにかのきっかけで興味がわいてくることだってあるかもしれません。でも、努力を積み重ねることで得意になったり興味を持ったりすることはあっても、おそらく夢中にはならないと思うのです。

夢中になるものって、ある意味で「ひとめぼれ」です。ピンとくるものなんですよね。つまり、身のまわりに漂っているものの中から、「ピン！」ときたものに子どもは夢中になるのです。「これが好き！」とか「やってみたい！」と思う気持ちが一番大切です。

私たち大人は〝集中〟という言い方をしがちですが、子どもたちにとって「集中しろ」と言われることはむしろ苦痛です。それよりも夢中になることが大切。夢中になっているときが一番、幸せなんじゃないですか。夢中になるためには二つの条件が必要です。

一つ目は、それをやることで快感が得られること。二つ目は、いつまでも飽きないことです。もし、そんなものがあるなら飽きるまでやらせてあげてください。もしかしたら一生飽きないかもしれない。それはきっと素晴らしいことですね。

ただ、夢中が依存になると話は別です。ネットゲームなどに夢中になった挙げ句、ゲーム依存症、つまりゲームがなくては不安、不快になる状態になったら問題です。そこだけは気をつけてあげてくださいね。ひとつの目安として、夢中になっている対象が実体験、つまり実際にそこにあるものである場合には見守るだけで十分なのでは。一方、仮想体験、例えば対戦型ネットゲームなどは依存のリスクが高いといえます。

遊びに夢中になっている子どもたち。親は何か手助けをすべきでしょうか。

大好きな遊びを楽しんでいるときの子どもたちの顔は輝いています。夢中になって遊んでいるのはいいのですが、最近、「遊びの中から学ばせる」という教育法の話も聞きます。親のほうから何か遊びのヒントを与えたり、いつもと違う友だちと遊ばせたり、といった手助けをしたほうがいいのでしょうか。

遊びの延長線上に学びを設定する必要はありません

最近、いろいろなところで「遊びの中で学ぶ」という言葉を耳にしますが、ぼくには、「遊びの中で学ぶ」という意味がよくわかりません。そもそも楽しくて面白くて、遊びたいから遊んでいるわけです。子どもたちは「何かを学ぶため」に遊んでいるわけではありません。遊ぶことは、子どもにとって無条件に楽しくて夢中になれる実体験であるべきです。だからこそ価値があるんです。

遊びというものは、何かの役に立つことを前提としてはいけないとさえぼくは思っています。遊びというのはとても大切なことであることは間違いありません。それは子どもにとっては遊びの世界が「社会」そのものだからです。子どもは遊ぶことで社会そのものを体験する。遊びに没頭する中で社会のルールを自然と学んでいきます。

とことん遊んでいれば、楽しいことの中でもちょっとした失敗を重ねるわけです。遊び相手を泣かしたり、おもちゃを壊したり。失敗も遊びの一部なんですね。その体験を通じて、失敗を恐れずに楽しむことの素晴らしさを実感するはずです。そういう意味では、結果としては、遊びによる学びは必ずあります。例えば、遊びを通じていろいろなことに楽しみを見出す力を身につけられるかもしれません。これは十分「学び」と言えるものでしょう。

日常生活の中にはたくさんの〝興味の種〟があるわけですが、それに気づき、楽しむ感性がなければ、人生は味気ないものになってしまいます。大人もそうですよね。仕事、子育て、家事、当たり前の日々を楽しめる人は幸せです。一見たいくつな日常に興味の種、遊びの種を見出す力を持った子どもは、それだけで日々の生活を楽しめるはずです。**遊びを通じてそういう力を育むことは大切だと思います。**

ただ昨今、幼児教育の現場で言われている「遊び学」のような概念には疑問を持っています。遊びの延長線上に、大人が勝手に学びを設定してはいけないような気がするのです。遊びはそれそのものが大切なのであって、その先に「なにか」を期待すべきものではありません。

ひとりで「学ぶ」より、子ども同士で「遊ぶ」

遊びの時間を少なくしてでも将来のために勉強させたいという方もいるでしょう。勉強というのは基本的にはひとりでするものですね。あるいは大人と向かい合ってする。

一方、特に社会性やコミュニケーション力、適応力、共感力を身につけるためには、子ども同士で自由に遊ぶ時間にこそ大きな意義があるとぼくは思います。そもそも、睡眠と食事以外の時間は遊んでいるのが幼児期です。

繰り返しになりますが、子どもが友だちと遊んでいるときに、親はそこでなにかを学ばせようと思わないことです。夢中で遊ぶことで子ども自身が無意識に身につけていくものこそが人として生きる上で大切なことなのですから。

誰とどう遊ぶかも子どもたちが決めるべきこと。同じぐらいの年齢の子がいいとか、年齢もタイプも違う子がいいとか、子どもに任せればいいことです。例えば、幼稚園や保育園の日常を見ているとわかりますが、放っておくと、だいたい同年代の子が一緒に遊ぶものです。しかも女の子は女の子同士、男の子は男の子同士でくっついている。時には女の子の〝ごっこ遊び〟に男の子がお客さんとしてお呼ばれして関わり合うこともあります。ごっこ遊びではいろんな役割分担がありますよね。赤ちゃん役の子がいたり、病人がいたりと。まさしく社会人ごっこですよ。

発達の遅れや発達障害が心配になり、お子さんを病院に連れてこられる親御さんには「同年代の子どもと遊びますか？」と質問します。「はい」と即答ならひと安心です。一方、好んで下の年齢の子と遊びたがるお子さんもいますから、答えが「いいえ」でも慌てる必要はありません。診察の結果によっては医学的に問題がある場合もありますが、知能の発達が正常で、お子さん自身が日常生活を楽しんでいれば、あまり心配せずにお子さんがやりたがるように遊ばせてあげるのがいいと思います。

お友だちと遊ぶことによって、協調性や共感する心も自然と育ちます。もちろん我慢することも覚えるでしょう。他者と深く関わり合うことで、自立心が芽生え、自信を持って行動できるようになる。子どもたちの遊びの世界は大人が想像するよりもずっと奥深いのだと思います。

〝正しい子育て〟に負け続ける育児

親世代、祖父母世代の子育てと、「現代の子育て」はどう違うのかと聞かれることがよくあります。しかし、親子関係の本質は、人類の進化の過程で遺伝子がほとんど変わっていないのと同じくらい変わっていないと思います。母性や父性、子どもがお母さんお父さんを思う気持ちは決して変わるものではありません。

もちろん、時代とともに大きく変わったこともあります。一番の変化はインターネットをはじめとして、おびただしい量の子育て関連情報がいとも簡単に手に入るようになったこと。**しかもやっかいなことに、それらの情報は「ほとんど正しい」**。

正しいというところが実は問題なんです。正しい情報を得るということと、それを自分も実践してみるということは全く別だと自覚しておいたほうがいい。からだにいい食べ物であると知っていることと、それらの食べ物をすべて食べなければならないと考えることは別でしょう。全部食べていたらお腹をこわしてしまいますよ。正しい子育て法だからといって、実際にやらなければならないというわけではありません。そもそも、正しいと言われている子育てを全部取り入れることなんてできるはずがありません。

子育ては、昔はおばあちゃんや先輩ママの話から基本的な知識を得て、実践していく中で失敗を繰り返しながら親も成長していくものでした。しかし今はネットを覗くだけで、正しい育児法とか、子どもの成長をうながす食べ物とか、自分にとっては必要のない情報でも目に入ってしまう時代です。そして標準的な育児や〝失敗しない育児〟と言われるものが気になってしまい、**自分のしていることに自信を持てなくなってしまう傾向があるのです。**

そしてまた、自信がないからこそネットで調べてしまうという悪循環が生まれます。〝ここに注意〟というネット記事を見てわが子は発達障害かもしれないと心配になったり、〝正常の発達はこれ〟という記事を読んで居ても立ってもいられなくなったりするわけです。ネット上にある〝正しい〟育児と自分の育児を比べ始めると、絶対に〝負け〟ます。そうなると、もう負け続ける育児になってしまう。

遊ぶ子どものように育児に夢中になる

ネット上の子どもとわが子を比べて焦ってしまうことは、ぜったいに避けていただきたいと思います。子どもたちが成長、発達するスピードは小さい頃ほど個人差が大きい。ネットの世界が決めた〝正常児〟と自分の子を比べること自体がナンセンスです。

ここで**「すべての正常なものには素敵なばらつきがある」ということを強調させてください**。歩き始める時期も、お話しするようになる時期も、あるいは身長や体重も。〝正常〟という言葉が使われていても、そのすべては〝平均〟であり、そこからはずれていたとしても決して〝異常〟ではないのです。

子育ての時期は、子どもと親が向かい合って実体験を積み重ねる貴重な時間です。子どもはいずれ成長して巣立っていきますから、子育ての時間は限られています。そんなときに他人の情報に振り回されて子育てを楽しむことを忘れたらもったいない。

子どもたちが日々の生活の中で自ら遊びの種を見つけ夢中になっているように、まずは自分の子どもを信じ、わが子を思う自分の気持ちを信じ、何をすべきか、何をしてあげたいのか、**感じるままにお子さんと時間をすごせば、それが最高の子育てではないでしょうか。**

子どもたちが遊びに夢中になるように、親も育児に夢中になっていれば、それで十分、それが一番です。親はみんな子育てが終わってはじめて、それがどんなに楽しく貴重な時間であったかを知るものなのです。

外国語を身につけさせるには、小さいうちがいいのでしょうか。

外国語は、小さいうちに始めないと身につかない。あるいは、小さいうちに始めれば早く上達する。そういうイメージは根強くありますす。親としては、そのタイミングを逃さず、習わせたいと思ってしまいがちですが、何歳までに始めなければならないという、タイムリミットはあるのでしょうか。

大切な能力を身につけるために逃してはいけない時期

子どもは遺伝子によってあらかじめ決められた通りに育つものです。無理に特別な体験や勉強をさせなくても、それぞれ得意なことは自然とできるようになるので、焦る必要はないんですよ。

ただ、誤解しないでください。すべての能力は遺伝で決まっているから、**頭のいい子は生まれながらにして恵まれていて、そうじゃない子は努力なんてしても無駄だ、というわけではありません。**

いろいろ習いごとをさせても上達しなかったり、長続きしなかったりすると、親としては「無駄だったかな」と思うかもしれませんが、子どもたちとってはひとつひとつの体験が意義深いものだったはずです。

子どもが発達していく過程で、ある能力を獲得することができる期間が限られている場合があります。それを〝クリティカル・ピリオド〟、日本語では〝臨界期〟と呼びます。視力や聴力、言語能力など、人として非常に重要な機能、能力にはクリティカル・ピリオドがあり、それぞれが獲得される時期があらかじめ決まっているのです。とても大事なことなので、成長、発達のロードマップをしるした〝遺伝子のシナリオ〟によって、誰でも同じような時期に起こるように設定されています。

最も有名な例が視力の獲得です。生まれたばかりの赤ちゃんに眼帯をしてはいけないことをご存じでしょうか。赤ちゃんは生まれた直後から、外の光を感じ取りますが、それを遮ると視力を失ってしまうんです。

クリティカル・ピリオドは、〝脳の感受性が高く、努力に対してレスポンスのいい時期〟とも言えますが、裏を返せば、**そのときに必要な体験（刺激や努力）がないと、一生涯その機能を失う可能性もある大切な期間です。**

幼児期全体がクリティカル・ピリオドとも言えます

脳や神経の発育・発達には刺激が不可欠です。子どもは遺伝子のシナリオに沿って順を追って発達していくのですが、ただ放っておきさえすれば、すべてのことが上手くいくかと言うとそうでもありません。あえて極端な例をあげれば、音も光もない場所にただ寝かされている赤ちゃんが、健やかに育つかというとそうではありませんよね。最低限、「普通の環境」が必要です。

お母さん、お父さんとの暮らしの中で、声をかけられたり、おむつを替えてもらったり、食事を口に運んでもらったりする。そんなごく普通の日常生活でいいのです。

普通の環境であれば、発達に必要な刺激は十分以上に用意されている、ということです。視力の話も同じです。眼帯をつけたり、一切明かりのない部屋で育てない限り、必要な刺激は当然、受けることになります。簡単なことです。

幼児期はさまざまな能力が一気に発達する時期であり、その意味では幼児期全体が発達のクリティカル・ピリオドとも言えるかもしれません。

この時期に身につける大切な能力をひとつだけあげるとすれば〝言語能力〟でしょうか。

言語によるコミュニケーション力が急速に発達する時期は1歳過ぎからですが、その前に、すでに赤ちゃんは話しかけられる言葉の内容を理解し始めているのです。さらに、1歳前後で意味のある単語を発するようになります。それから小学校に上がるまでの間、つまり保育園、幼稚園に通っている時期は言語によるコミュニケーションにとって、とても大事な時期です。

バイリンガルにすることがそんなに重要でしょうか

1歳から6歳の間は、言語能力が急速に発達する時期です。この時期に外国語を学ばせれば、非常に効率的に習得できるでしょう。でも、それが総合的に見て本当に好ましいかどうかはよく考えなければいけません。

言葉というのは、ただ聞き取れればいい、しゃべれたらいいというものではなく、「理解すること、考えること、伝えること」の役に立つことが重要だと思います。相手の言っていることを正しく理解すること、自分の考えをまとめること、それを正確に言葉で表すこと。

そのような言語の役割を考えると、**言語発達のクリティカル・ピリオドに、ふたつ、場合によってはそれ以上の言語を同時に教えることには、慎重にならざるをえません。**

ある研究者が、〝本当の意味で多言語を操れる人は、もともとそういう脳の構造をしていて、それは人口比でいうとわずかしかいない〟と言っていて、おそらくそれは間違っていないでしょうね。

急速に言葉の概念を学習する段階で、母語と異なるふたつ目の言語を、それも日常生活とあまり関連していない場面で覚えさせようとすると、ほとんどの子どもは混乱すると思います。

たしかに、幼児期は言語習得のクリティカル・ピリオドですから、ものすごいスピードで吸収するでしょう。多くの子どもたちが、外国語をある程度は使いこなせるようにはなると思います。しかし、そのようにして獲得した〝言語〟が、**本当の意味で「理解すること、考えること、伝えること」に役立っているのか疑問が残ると思います。**

母語をしっかり体験させることが一番

〝お母さん〟という存在を身に染みて感じ取っている子どもが、そのイメージを表現するために「おかあさん」という言葉を使うことに意義があるのです。

英語の「Mother」でもフランス語の「La mère」でも、ドイツ語の「Mutter」でもなんでもいいのですが、同じ概念（お母さん）を複数の言語（日本語、英語……）で同時に習得させることは、大きな意義がないばかりでなく、何か大切なことを邪魔するような気がしてなりません。まずは母語をしっかり〝体験させる〟ことが大切だと思います。

バイリンガルと一言で言っても、さまざまなレベルがあります。とりあえず読み書きができますよという人から、母語と同じレベルで討論できるような人まで。あまり勉強しなくても5か国語とか話せる人もいますよね。あれはどう見ても素質、遺伝的な要因によるとしか思えない。努力でなんとかなるものではないと思います。

ぼくみたいに素質がない人間は、どんなに努力してもバイリンガルは無理ですね。仕事の都合でアメリカに行くことになりましたが、渡米直前まで英語はまったくダメでした。テレビの英会話番組ですら、まったくついて行けなかった。しかし、6年間のアメリカ生活を通じて、意思疎通や論文執筆のツールとしては何とか英語を使いこなせるようになりました。**幼児期にわざわざ学ばなくても、必要なときが来たら、目的に応じて勉強する。それで十分ではないか。**これが、自身の留学経験から得た結論です。

ちなみにうちの娘は、2歳から8歳までアメリカで暮らしていたんですが、向こうではペラペラしゃべっていた英語を日本に帰ってきて半年で忘れました。日本語で考え、理解し、伝えるのが当たり前になって、英語は必要なくなったのでしょう。逆に言うと、日本の日常生活で外国語を使っていくのは、特に子どもにとっては多くの場合、意味のないことなのではないかと思います。

お父さんとお母さんが別々の言語を話す国際結婚の家庭など、完全に多言語で育つ子もいますが、そのような環境で、子どもがふたつの言語をどう使い分けているのか不思議です。そのあたりは言語学者に聞かないとわかりませんが、小児神経科医のぼくから見れば、**家庭環境が完全にバイリンガルという言語環境は、言語を習得しながら理解力・思考力を育む、という点ではハンデになるような気がします。**

もっとも、ハンデを背負っているのは決して悪いことではありません。子どもはどんなに高いハードルも平気で乗り越えるものです。家庭ほど素晴らしい教育環境はありませんから。

読解力は、得意な子も苦手な子も「平等に」伸びます

言語に関するクリティカル・ピリオドは幼児期以降にもあります。書かれた文章から意味を読み取る能力は、小学校6年間がクリティカル・ピリオドです。**この時期に本をたくさん読ませることには大きな意味があります。**中学生以降では読解力の伸びはほぼ横ばいになるからです。

この時期に努力するか否かで、中学以降の能力に差がつきます。特に低学年では「音読」が効果的です。文章を読み、それを自分自身の声として聞く、というトレーニングが、視覚（読む）と聴覚（聞く）の連動を通じて、言語発達を促すように思います。小学生では授業で音読しますが、理にかなっていますね。

ところで、読み書きが苦手、という困難を生まれつき持っている子どもたちが少なからずいます。学習障害のひとつである読み書き障害（ディスレクシア）です。でもこういった子どもたちでも、努力をすれば読み書き能力が上がることがわかっています。小学生の読解力テストの結果を調べてみると、能力のある子が努力をすればいい

スコアを出すのは当たり前として、障害のある子も、努力に応じて同じようにスコアが伸びるのです。

遺伝的な素因によって最終的な到達スコアには差がありますが、読むのが得意な子も苦手な子も、同じようなペースで上達していくんです。つまり読解力のクリティカル・ピリオドでは、生まれつきの能力に差があったとしても、**努力が報われるという点では、得意な子も苦手な子も平等なのです。**

素質の有無にかかわらず努力は報われる

人にとって特に重要な、つまりクリティカル・ピリオドがあるような能力については、努力をすれば、素質があるないにかかわらず必ず報われる、ということが言えそうです。たとえ不得意なことが生まれつきの素質によるものだとしても、だからといって努力が無駄というわけではないのです。

逆に言えば、苦手だからと努力しなければ、その能力が伸びることはありません。当たり前の話です。

ちなみにぼくみたいに文章を読むのが苦手な人は、情報が耳から入った場合であれば、理解力が高かったりするものです。だったら、人から話を聞く機会を増やせばいい。反対に読むのが得意な人は、話し言葉で説明されると面倒に感じたりする。だったら、文字情報からいっぱい情報を得るといい。

これは優劣ではなくて、得手不得手の問題です。不得手なことでも逃げるのではなく向き合いつつ、得意なことを伸ばす努力をするのが一番だと思います。

第3章

これからの時代、子育ても変わりますか。

しつけの内容に迷っています。何をどこまで言い聞かせればいいですか。

お片付けをしない、食事のときに歩き回る。生活上での、わが子の目に余る振る舞いは、子育ての悩みの種です。何度言っても聞いてもらえない。最低限、身につけてもらいたい立ち居振る舞いを、どう子どもにしつければいいのでしょう。そもそも、〝しつけ〟とはどうあるべきなのでしょうか。

「しつけ」と「叱り」を区別しましょう

子どもがしてはいけないことをしたときにたしなめるのは「しつけ」ではなくて

「叱り」です。叱るときには、見つけたその場ですぐに間違いを指摘するのが鉄則です。後で振り返っても、子どもにとっては何が悪かったのかわかりません。

でもしつけは違うんです。**しつけは短い時間の単位で考えるものではなく、子育てのポリシー、教育方針に基づいて行うべきことです。**親として、こういう大人になってほしい、「大人になったとき、こんな行動や考え方が身についているといいな」と願うことから始まると思うんです。わが子にどんな大人になってほしいのかということを、まずは自問自答してみてはいかがでしょうか。

何をしつけるかは、親の価値観を反映します

まずは何をしつけるのか。これは時代とともに大きく変化しています。例えば、僕らが育った時代には、テレビを見ながらご飯を食べることは悪いことだった。でも今では、家族団らんの食事にテレビは欠かせないというご家庭も多いのではないでしょうか。最近はスマホをのぞきながら食べると「やめなさい」と言われるのかな。そんなふうに時代によってしつけの具体的な内容は変わるんですね。文化の違いもしつけ

に影響しますね。日本文化と西洋文化は違うから、しつけるべき内容も異なっていいのではないでしょうか。そう考えると、**何をしつけるかはそれぞれの家庭で決めることになりませんか**。「こんな人に育ってほしい」という親の願いがしつけの〝アウトカム〟なんです。

ここで、アウトカムという言葉について考えてみましょう。アウトカムには効果とか結果という意味があります。例えば、教育は一番厳しいアウトカムの世界なんです。どういう人を育てたいのか、明確に目標（アウトカム）を設定して、それに向けてさまざまな介入をしていく、その過程が教育だという意味です。興味を持って学ぶ姿勢とか、先生や友だちとの楽しい学園生活に大きな意義がある、などと考えられがちですが、そうではない一面を教育は持っているのです。

例えば、慶應義塾の教育のアウトカムは、自他の尊厳を守り、何事も自分の判断・責任のもとに行う人を育てることなんだと思うんです。つまり、慶應義塾における教育のアウトカムは「独立自尊」ということになります。私も医学部の授業や臨床自習では「リーダーシップを身につけた医師になってほしい」というアウトカムを明示します。

アウトカムを決めるのはあくまでも教育者であり学校。そう考えると、学校を選ぶ際には、偏差値の高い低いではなく、その学校の教育のアウトカムが何かということを重視してもいいかもしれません。

しつけのアウトカムをどう設定したらいいかということですが、そんなに大袈裟《おおげさ》に考える必要はありません。例えば、わが子にどんな大人になってほしいかを1個だけあげるとすれば、どんなことかを考えてみてください。たぶん「やさしい人になってほしい」とか「自らの意思をつらぬく人になってほしい」とかでしょうか。どんな親も「正座できる人」なんて、ピンポイントなアウトカムを設定しないですよね。

そんなに構えずに、**こういう子に育ってほしいな、と心に思い浮かぶものをゆるく設定するくらいでいいと思います**。親だからこそ、子どもの個性に配慮したアウトカムを見つけることができる。そこは自信を持っていただいていいと思います。

しつけ方は自然に任せる

どのようにしつけるかは、親と子どもの日々の関係性の中で自然と決まっていくものではないでしょうか。わが子が大人になったときにその姿を見て「あ、うちはこんなふうにしつけていたんだ」と親自身が気づくことになれば、それもまた素敵なハッピーエンドですね。

しつけで一番大切なのは、子どもの立場に立って考えることです。親が設定したアウトカムから子どもがどんどん離れていく場合は、柔軟に対応したほうがいいですね。最終的に親の目が届かなくなっても、しつけられたことを拠《よ》り所に考えられる、行動ができる、そうなってくれれば、目的は達せられたと思います。**そのためには、子ども自身が納得して「しつけを受け入れる」ことが不可欠です。**

余談ですが、うちの母のぼくに対するアウトカムは「思いやりのある人」でした。小さい頃からことあるごとに「自分のことだけ考えないで、人の立場に立ってものを考えなさい」と教えられてきた気がします。成人してからも言われ続けました。

40歳をすぎて教授になっても（親からすれば）変わらないぼくを見て、母はなんとかしなければと思ったんでしょう。「私はもういつ死ぬかわからないから、これだけは伝えておきたい」と手紙をくれたんです。「あなたは賢くて物事を先に先に読むから口がきついと受け取られる。あなたの言っていることは正しいけれど、言われる側があなたに歯向かえない人間だと、恨みをかうこともあるだろう。あなたは、本当はやさしい子なのに、そういう誤解をされて他人様《ひとさま》から恨まれることは私には死ぬほどつらい。だから筋が通っている中にも物腰が柔らかい人になってほしい」――そのように切々と綴られていました。

遺言のような手紙でしたが、母はその後20年以上生きたんですよ。でもね、母はそうやって、僕のためのアウトカムを文書で残したかったんだと思います。それは僕にとって、とても沁《し》みるものでした。小さい頃は母の言うことがピンとこなかったのですが。

しつけっていうのは一生続くもので、小さい頃にしつけとして親から繰り返し言われたことは、**後々、大人になってから効いてくることもあるんじゃないかと思いますよ。**むしろ、子どもの頃にしつけがものになる人はあまりいないのかもしれない。30歳、40歳、50歳と年を重ねて、だんだん世の中のことがわかってきたときに、しつけられたことが役に立つんですよ。個人的な経験から、そう感じています。

「自分で決める力」をつけるために、大事なことはなんでしょうか。

なんでも言うことを聞いて、手はかからないけれど、自分で決めるのが苦手な子ども。このままだと、大人になってから心配です。しつけのつもりで、こうしなさいと言いすぎたのがよくなかったのでしょうか。これからますます、「自分で決める力」が必要になると聞きます。何に気をつけていけばいいでしょうか。

大人でも決める力が弱い

しつけのお話の中で必ずご紹介したいと思っていることがあります。それは「リテラシー」です。**リテラシーとは、「与えられた情報から必要なものを選んで活用する能力」のことです。**あまり馴染みのない言葉ですが、今の時代、幼児期のしつけを通じてリテラシーをいかに高められるかが重要だと考えられています。

ちなみに「ヘルスリテラシー」という言葉もあります。健康に関するリテラシー、つまり「健康に関する情報の中から自分に必要なものを選んで健康づくりに生かす能力」ということです。世の中にあふれる情報の中から自分に必要な情報だけを集め、それらの情報をひとつひとつ評価し、判断する。そして、いずれも正しいと思われる複数の選択肢の中からひとつを選ぶ。さらに、それを実行に移して自分の健康維持、促進に役立てる。簡単に言えば〝自分の健康のことを自分で決める力〟をヘルスリテラシーと呼ぶのです。

最近ある講演会で知ったのですが、ヘルスリテラシーを国別に調査した結果、日本は40数カ国の中で最下位だったそうです。1位のオランダ人は平均38点で、日本人は25点だったとか。日本人のヘルスリテラシーは低い、しかし平均寿命は長い――このことから推察できるのは、日本人は自分の意思で「生《せい》」を選択できずに、ただ長く生きているだけ。つまり長く生きられるのに、その時間をそれほど幸せに感じていないのではないか、ということです。

自分で選ぶことを嫌う日本人

海外の方に比べて日本人が優れているのは、間違いのない提案を示されたときにそれを忠実に実行できることだそうです。例えば、医者の出した処方箋を理屈など考えずに毎日ちゃんと飲み続けるという従順さがあるそうです。ただ、従順さも度が過ぎるとデメリットも多い。

ちなみにEUを中心としたヘルスリテラシーの高い国々の人は、正解をひとつだけ挙げられることを嫌い、ふたつ以上の正解から自分でひとつを選ぶことを好むそうです。反対に、日本人は「たったひとつの確実な正解」を提示されることを好み、複数の選択肢があることを嫌う傾向があるようです。自分で何かを選んだ結果として健康を手にしているわけではなく、言われたことを守って健康を保っているわけですから、どんなに平均寿命が長くても幸せだという達成感が得られにくいのかもしれない。あくまでも私見ですが……。そして、**リテラシー教育としつけは、密接に関連し**

ているのだと思うのです。

自分で選択することが達成感・幸福感の大前提です

テレビの情報を信じるか、疑ってかかるかという調査もあり、（調査した国の中で）メディアの報道をもっとも信じるのが日本人なんだそうです。一方、欧米では疑ってかかる人が多い。評価、判断は個人がするものだ、という概念がしっかりあるんです。日本人は国際的に見て幸福度が低いと言われるのは、もしかしたらそんなことも関係しているのかもしれません。**つまり自分で選んでいないから、幸せになろうと、不幸になろうと、納得感が得られない……。**

大きな話になりますが、日本が本質的に幸せを感じられる国になるには、リテラシーを高める必要があって、そのためには幼児期のしつけから変えていかなくてはいけないんじゃないかと思うのです。

日本人のしつけはこれまで、親はこう思うとか、わが家の家訓とか、**たったひとつの正解を与えて、それに従うことを求めてきました。**実際、大人が示すことって結構正しいんです。それに従うことで勉強やスポーツで成果をあげる子どもも少なくありません。でも、そのようなやり方そのものが間違っていたのかもしれません。

親がどれも正解だと思う複数の選択肢を子どもに与える。そして子どもに選ばせる。習いごとだったら、できればふたつ提案して「どっちをやってみる？」と決めさせる。食事のマナーもしかり。自分で判断するように仕向けることが親の役目だと思います。そうすれば、自分で決めたことを守るために、子どもは最後までがんばろうとするでしょう。**それが本当に身につくしつけというものではないでしょうか。**

失敗しすぎないよう、勝率を考えて選ばせる

自分で判断するのが苦手な子どももいるでしょう。でもそれなら、なおさら練習を積む価値があります。レストランのメニューからどれを選ぶか、しっかり悩ませていますか。さんざん迷った挙げ句、自分で決めて、食べてみたらおいしくなかった、なんていう経験は貴重なものです。「お兄ちゃんと同じものにすればよかったな。それ、僕にもちょうだい」「ダメ！」となれば、弟にとっては非常にいい経験です。自

分で決めて失敗したわけですから。自己責任というと重く聞こえますが、幼い頃から、そういう経験をすることは大事です。

自分に厳しいと、他の子にも厳しくなるのではないか、という心配もあるでしょう。しかし、他人の立場を思いやらず厳しい態度で接していれば、いずれしっぺ返しが来るものです。そんな負の連鎖を断ち切るのは自分でなくてはいけない。自分のしたことが自分に返ってくることを覚えれば、それがいけないことだとわかるでしょう。

子ども自身に選択を委ねることは、親がさまざまな決断を放棄することではありません。子どもにすべてを任せるのは、親として無責任な行為です。親としてのしつけの方針に沿って、いくつかの選択肢を示す。しかし、最後に決めるのは子ども。決定権はあくまでも子どもにあります。**親は責任を持って子どもに押しつけるのです。**

注意すべきは、後悔をさせすぎないこと。自分で選んだ結果が、9勝1敗ぐらいになるように選択の機会を与えるのが理想的です。5勝5敗とか3勝7敗だと、自己肯定感が育まれないので、選択肢の用意の仕方も〝勝率〟を意識していただきたいと思います。少しずつ失敗の経験を積み重ねていけるようにするのも親の役割です。そうすれば、今後ますます重要になってくるリテラシーを育むことにもなると思います。

AI時代には〝考える力〟が必要と言われます。子どものうちに身につける方法はありますか。

〝デジタル社会〟では、従来の学習法の中心だった暗記や知識の習得ではなく、〝考える力〟が必要とよく言われるようになりました。〝考える力〟とは、どのような能力なのでしょうか。新しい時代に向けて、親として何がしてやれるのか不安です。特別な準備が必要でしょうか。

感情を伴う実体験を積み重ねることが大切です

従来の教育の主たる目的、つまりアウトカムは、文字を使いこなしたり、数の概念を理解したりといった「認知能力」を身につけさせることにありました。それらは確かに教えることができるし、成果を評価しやすい能力です。

でもここで言う〝考える力〟とは「非認知能力」であり、計測することが難しく、高い低いを評価したりしにくいもの。最近の教育現場では、「非認知能力」を伸ばすための教育というものが着目されており、非認知能力を計測するツールも重宝されるかもしれません。でも、計測できた時点で、それは認知能力になるわけで、ちょっと違うなと感じます。

「自分で考える力を伸ばす」ことを謳《うた》っている幼児教育も、最近はいろいろありますね。子どもに積極的に学ばせる機会を持たせること自体は悪いことではないです。ただ、それによってなにか特定の能力が伸びるとか、考える力が急に身につくとか、目に見える結果を期待するとなると話は別かなと思います。もし、〝考える力を育む幼児教育〟に大きな期待をされているのであれば、ちょっとだけ冷静になって、距離感を持って接したほうがいいかもしれません。

子どもが環境から刺激を受ける力はすさまじいものです。自然にまかせておけばいいのです。特別な教育、訓練を施すまでもなく、「非認知能力」は日常生活でさまざまな体験を積み重ねる中で、鮮明な感情を伴いながら勝手に身についていくもの。ひとつ、大事なポイントがあるとすれば、感情と連動する体験を積ませることだと思います。

ごく普通の日常体験に任せるしかない

何かを〝考える〟のベースには必ず「実体験」がなくてはいけません。実体験は、特別なものである必要はありません。喜怒哀楽を伴うような、ごく普通の日常体験でいい。感情と連動した実体験の最たるものは、親子関係であり、友だち関係です。

本当に普通の、誰にでも「ありそうな体験」でいいんです。例えば、これは実話ですが、友だち家族と温泉に行って、親の目を盗みながら湯船の中でコーラを飲んだこと、深夜に部屋を抜け出して（宿内の）屋台でラーメンを食べたこと。その背徳感からくる気持ちの高ぶりは忘れ難い実体験でしょう。結局、親にバレてしまって、こっぴどく怒られると思ったら「楽しかったか？」と笑顔が返ってきてホッとした。なんてことを大人になるまで実によく覚えているものです。

あのときの感情……父の鷹揚《おうよう》な一面を実感し、その存在を身近に感じた瞬間として記憶に留まる。そのような実体験を経てこそ、やっていいことと決してやってはならないことを直感的に判断する非認知能力が育まれるのではないでしょうか。感情と連動した実体験とは、そんな他愛もないことなのです。特別なものである必要もないし、親がお金をかけて特別な時間をセッティングしてあげなくてもいい。自然に任せていればいいのです。

海外旅行に連れていき世界遺産を見せるとか、そういう特別な体験ばかりを親が用意してしまうと、かえって感情の動きが鈍化してくることもあるかもしれません。**予期せぬ体験は、むしろ日常生活の中にあるはずです**。デパートでひとりエレベーターに取り残されて扉が閉まったときの「迷子になる！」という絶望感とか、そんな感情が強烈な思い出になっていませんか？

考える力を育むような貴重な実体験は、意図的につくろうとしてもなかなかつくれないものです。自然に任せていればいいというのは、自然に任せるしかないという意味です。日常生活の中に喜怒哀楽さまざまな感情をもたらす体験がいくらでも潜んでいるはずです。

感情と連動した体験が積み上げられていくと、言葉が持つ意味を深く理解したり、立体的に捉えられたりするようになります。そうなれば、想像力がどんどん育まれます。本を読んで、その内容を真に楽しめるようになるんです。小学校も高学年になると、世界中を旅する話とか、偉人の伝記とか、そういうものも楽しめるようになるでしょう。**それは実体験を積み重ねたからこそ「わかる」ことなのです。**

デジタル時代であっても、必要なことは変わらない

このデジタル時代にあっては、実体験の機会が一昔前に比べるとずいぶん減ってきているのは事実と思います。ゲームにせよ、その他のデジタルデバイスにせよ、なにかを体験することもないまま、知らずしらずのうちにひとりの時間に没頭するようになってしまいます。

ただ、ゲームだから実体験や感情を伴わない、というわけでもないと思います。たとえば、ゲームのしすぎを日頃注意されているのに、友だちの家でついついゲームに熱中して、気づいたら暗くなっていたとします。その子は、「やばい！　門限すぎた。

お母さんに叱られる」って焦って、急いで家路につくことでしょう。それって、すごく感情が揺さぶられている瞬間なんですよね。存分に遊んだ後の充実感、親の言いつけをまたしても破った罪悪感。すごく貴重な実体験なんですよ。なんて言い訳したら許してもらえるかなとか、一生懸命に知恵を絞るでしょう。デジタル社会であろうとなかろうと、感情を伴う体験なんて日常生活の中でいくらでもありますよね。子どもというのは息を吸うように自然に、そうした体験から多くのことを学んでいきます。

実体験を積んで喜怒哀楽さまざまな感情を知れば、**物事を深く考え、他者の感情を感じとったりすることもできるようになり、結果として想像力が大きく育まれるようになる。**そうなれば、デジタル情報を正しく〝実感〟できるようになると思うんです。逆に言うと、デジタルの世界の落とし穴は、〝出来事〟と〝感情〟が仮想空間の中で完結していて、実世界と紐《ひも》付《つ》かない場合です。

実体験を多く積んだ人だけが、小説に描かれた世界観を実感し、作品中の主人公に共感し、ストーリーを真に楽しめるのではないですか。そういう意味では、本もデジタルコンテンツも同じです。デジタル時代もアナログ時代も、基本的に大切なこと、つまり実体験の重要性は同じです。

子どもが自ら判断して選択するとき、〝考える力〟が育まれます

最後に強調したいのは、〝考える力〟というのは、基本的に大人が教えることではないということです。では、日常生活の中で、実体験を通じて子ども自らに考えさせるには、どのような働きかけをしたらいいのでしょうか。

160ページでリテラシーという言葉をご紹介しました。「自分で集めた複数の情報を評価し、判断して、その中からひとつを選ぶ力」ですね。〝考える力〟の本質はそういうところにあるのだと思います。親がなんでもかんでも決めてしまうのではなく、**子どもに選択肢を与えて、自分で選ぶ習慣を身につけさせる、ということから始めてはいかがでしょうか。**日常生活の中の、何の変哲もない〝決断〟から委ねてみるのです。

さらに、選択肢そのものを与えることから一歩進めて、選択肢ではなく選択のもとになる情報を与えてみるのもいいでしょう。夕飯のメニューを子どもに決めさせることは広く行われていることですね。例えば、「夕ご飯、何食べたい？」（オープン・クエスチョンと呼ばれます）は「夕ご飯、カレーでいいかな？」（クローズド・クエス

チョンと呼ばれます）よりも高度な〝考える力〟を要求します。「今日は寒いね。からだが温まるものがいいかな。辛い食べ物は（妹の）○○ちゃんが苦手だよね」と伝えれば、お子さんが考えるためのヒントになります。「じゃあグラタン！」そう判断したときの「そうだ、思いついたぞ！」という〝ひらめき感〟が大事だと思うのです。

そして、実際に夕ご飯にマカロニグラタンが出てくる。お父さんも「うまいな〜、からだあったまるな〜」と笑顔、妹にはフーフーして食べさせてあげた。この上ない達成感をともなう素晴らしい実体験だと思うのです。**考えて決めたことが受け入れられるという体験は、考える力のみならず意思決定力や自己肯定感も育むことになります**。遊びや食卓はいつでも最高の〝教育の場〟ですね。

人は自分自身の実体験にもとづく選択肢の中から、迷ったり悩んだりして決断を下します。そのような作業そのものが〝考える〟ということであり、その繰り返しが〝考える力〟につながっていくのだと思います。実は、ぼくの子どもの頃の回答はいつも考えるまでもなく〝グラタン〟でした。料理が苦手だった母の唯一とも言えるバリエーションだったので考える余地がなかったのです。多くの選択肢から自分の力で選ばせるためには、普段から多種多様な実体験を積ませておくことが大切なのです（苦笑）。

いつの時代も最高の教育者はお母さん、お父さん

社会がデジタル化することで、人と人とのつながりが希薄になりがちとよく言われます。しかしそんな時代だからこそ、豊かな実体験に裏づけされた、感性豊かで、深い思考ができる人こそが幸せになれるのだと思います。それは親が教えるまでもなく、お子さん自身が何気ない日常の中で自ら育んでいくべきチカラなのです。

教育法というのは「これさえやっておけば安心」といった万能薬のようなものではありません。「これをしなかったら必ず後悔することになる」といった呪文のようなものでもありません。自分の遺伝子をちょうど半分ずつ出し合い、家庭という同じ環境で同じ体験を通じて子どもと向き合う、**そして、他の誰よりも子どもの将来を楽しみにしている。これ以上の教育法がありますか？**　いつの時代も最高の教育者はお母さん、お父さんなのです。

遺伝子の持つ力と、育つ環境の関係について、わかりやすく教えてください。

心配しなくても、遺伝子に守られて子どもはすくすく育つ。子どもの才能は、いい意味で遺伝子によって約束されている、というのは、この本の中でもずっと強調されていることです。親からの遺伝である程度決まっている能力や才能を、努力や教育など環境の力でどの程度、変えることができるのでしょうか。

すべての遺伝子がいつも機能しているわけではありません

遺伝子とは〝生命の設計図、シナリオ〟です。ある程度の振れ幅（揺らぎ）はあるにしても、基本的にはその設計図にそって人は成長し、発達していきます。一方で、**遺伝子が決めたことでも、環境因子にそれなりに左右されることがわかってきています。**例えば、まったく同じ遺伝子を持った一卵性の双子では、多くのことが非常に似ている一方、成長するにつれ個性が発揮され、それぞれ異なる人生を送ることになるという事実があります。そのようなテーマを扱う〝エピジェネティクス〟という学問もあります。つまり、同じ設計図なのに、少し違う建物が建つのはナゼ？　というお話です。

人間は約2万個の遺伝子を持っています。それらの遺伝子のほとんどすべては、人のからだにとって不可欠なタンパク質を合成するための設計図です。たとえば白人と黒人では、皮膚の色を決めるタンパク質をつくる遺伝子が異なります。筋肉のタンパク質をつくる遺伝子が異なれば、持って生まれた身体能力も異なってきます。それが遺伝子によって決まる特徴、遺伝子が決めたシナリオです。

一方、全く同じ遺伝子の組み合わせ、つまり同じ設計図を与えられたとしても、エピジェネティクスの効果によって設計図の読み取り方、つまりどの遺伝子をオンにして、どの遺伝子をオフにするのかが変わってきます。

ある遺伝子がオンになるとその遺伝子が決めたタンパク質がつくられるが、オフになると止まる。だから、同じ遺伝子の組み合わせ、つまり同じ設計図から違う現象が起きるのです。そのような仕組みがあるおかげで、**努力を重ねることによってある程度は能力が高まりますし**、一卵性の双子でも異なる個性を手に入れることがある程度はできるわけです。ある程度は。

実は、多くの遺伝子は必要なときにだけ働くようになっていて、オンになったりオフになったりを繰り返しています。例えば体内時計をつくっている「時計遺伝子」たちは一日周期でオン・オフを繰り返しています。一方、細胞が生きていくために不可欠な一部の遺伝子は常にオンになっている必要があり、それらの遺伝子を特に「ハウスキーピング遺伝子」と呼びます。たとえばブドウ糖を分解してエネルギーをつくるための遺伝子などが代表的なものです。

他にも場面に応じてオン・オフを切り替える遺伝子が数多くあります。日常生活の中で、多くの遺伝子がオンになったり、オフになったりして、まるでネオンサインのようでもあり、メロディーを奏でているようでもあります。その仕組みをあつかう学問がエピジェネティクスなのです。

遺伝子が決める設計図は楽譜のようなもの

遺伝子が決める設計図（あるいはシナリオ）を楽譜にたとえると、遺伝と環境の相互作用について理解しやすくなると思います。ひとつの音をひとつの遺伝子と考えてみてください。一番多くの音（＝遺伝子）を持つピアノですら鍵盤の数は88しかないですよね？　遺伝子は2万個もあるので、この世で一番、音域が広い楽器とも言えます。どの音をどう組み合わせて、どの順で使うかを決めて楽曲を作るのが作曲家の仕事。それは楽譜にしるされています。

遺伝子という音符が並んだ楽譜を想像してみてください。それぞれの遺伝子は、それぞれ決められたタイミングで、強さで、長さで、オンになる。**遺伝子の中にはずっと機能しているものもあれば、昼だけ、あるいは夜だけにしか働かないものもある。**中にはごくまれにしか使われないものもあります。持っているだけで一生使わない遺伝子もあるんですよ。ある楽曲の中で一度も使われない音符があるように。

ところで、楽譜が同じでも、演奏者によって実にいろいろな個性ある演奏になりますね。楽器もピアノとは限らない。肉声で歌ってもいいわけです。遺伝子が決めた設計図、つまり作曲家が並べた音符からなる楽譜をもとに、**それを上手に修飾して名演奏にするのは奏者と楽器の組み合わせ、つまり環境の仕事です。**

遺伝子の数はたったの2万個しかないのに、また、多くの動物の遺伝子はとても似通っているのに、我々人間がこんなにも個性豊かな生物であるのは、エピジェネティクスの仕組みのおかげなのです。

一人ひとりが唯一無二の存在である理由

子どもの成長や発達、能力が想像以上に遺伝子によって決められ守られているとお話ししました。一方で、演奏者が変われば楽曲の印象が大きく変わるように、人の人生も〝演奏方法〟によって違ったものになりうるというわけです。

ある遺伝子のスイッチがオンになると、その後の他の遺伝子のオン・オフに影響を与えます。つまり、遺伝子は連鎖的に働くんです。ある音符がほんの一瞬遅れたり、強かったり、長かったりすると、それに続く他の音符、つまり遺伝子も影響を受けるんですね。

例えば陽に当たる時間がちょっと長いとか、気温がほんの少し高いとかの変化があると、そこから揺らぎが生まれて遺伝子がオンになるタイミングが変わったりするでしょうね。思わぬ経験、ハプニングも起こるはずです。あらゆる要因の影響を受け、弾き方はそのつど変わることになります。**そういう意味では、環境そのものが〝弾き手〟と言えるかもしれませんね**。環境は重要です。

もっとも弾き手というのは楽譜を見ながら演奏しているので、基本的に楽譜にないことはできません。ここでエピジェネティクスの悪い効果や遺伝病についても少し触れておいたほうがいいかもしれませんね。

弾き方が変われば曲の印象はまったく変わる

遺伝子の異常によって起こる病気は、楽器のある音が出ない状態にたとえられるかもしれません。遺伝子の突然変異によってあるタンパク質がまったくつくられない状況がそれにあたります。そのタンパク質が生きていく上で重要なものであれば、場合によっては命にかかわる病気になります。遺伝子が決めた設計図、つまり楽曲は「エリーゼのために」だったのに違う曲のようになってしまうかもしれない。この例は、遺伝子の異常による設計図の問題、つまりジェネティクスです。

一方、演奏者のミスタッチにより、例えば〝ソ〟を弾くべきところが〝ラ〟になるかもしれない。あるいはピアニッシモのドをフォルテで弾いてしまった。これは環境要因による遺伝情報の修飾、つまりエピジェネティクスです。ただし、これは悪いほうに作用する例です。遺伝子、つまり設計図そのものには異常がなかったのに、設計図の翻訳段階でミスがあったと。

遺伝子が描いた設計図、つまり〝楽譜〟そのものが変化することはないけれど、環境や生活習慣、つまり弾き手によって曲の印象、出来栄えはかなり変わる、ということです。

遺伝子のオンとオフの説明で、設計図の「揺らぎ」といった表現を使いましたが、**その変化は一定の範囲内に収まるようになっているという点が重要です。**もとの曲を大きく変えて別の楽曲にしてしまうような演奏法は遺伝子の世界では許されません。勉強や努力による進歩、上達も同様です。まるで別の遺伝子を持った天才に生まれ変わるようなことは期待しにくいですね。つまり、どんなにがんばっても、その人の遺伝子がしるした設計図の範囲を大幅に超えて能力が延びることは残念ながらないのです。

一方で、これは大変重要なことなのですが、エピジェネティクスによる揺らぎが一定の振れ幅におさまっているおかげで、環境が相当に不利な場合でも、結果が悪いほうに大きく外れることもないのです。例えば、普段、まったくトレーニングしない人でもそこそこのスピードで走ることはできますね。

言語能力も同じです。母語を理解し話すことは、通常の環境で育てば問題なくできるようになるものです。〝最低保証〟がなされているんですね。実はそこが遺伝子の設計図の一番すごいところかなと思います。エピジェネティクスによる修飾は大歓迎だけれど、大幅な逸脱は許さない。

環境によってその子の能力が修飾されることはあっても、大幅に逸脱することはない——この基本は改めて心に留めておくべきことだと思います。

改めて、親から子へと受け継がれる命の不思議を感じませんか。

遺伝子は底から支える力、環境は包み込むように促す力

人の一生において、遺伝の力と環境の力は、協同して健康な心とからだをつくり、維持していきます。胎児期には、遺伝子が決めた緻密なシナリオに沿って、ほとんど同じステップを踏んでからだが形づくられていきます。遺伝的素因は生まれた後も強く作用し続けるため、たとえ劣悪な環境に遭遇したとしても、あらかじめ決められたストーリーから大きく逸脱することなく子どもたちは成長、発達をとげようとします。**遺伝の力とは、容易には変わらないことによって、子どもの成長や発達を底から支える力とも言えるのではないでしょうか。**

子宮内環境、育児環境、教育環境、社会環境など、人の一生を支える環境は数多くあります。貧困や虐待など重大な負の環境要因はあとを絶ちません。そのような状況が長く続けば、子どもたちの健全な成長と発達が危機に瀕することになります。しかし一方、温かい母性と強い父性に守られた豊かな家庭環境は子どもたちの成長・発達にとって大きな追い風となります。**環境の力とは、変化に富み、流動的であることによって、子どもの成長や発達を包み込むように促す力とも言えると思います。**

しあわせに生きるために必要な、「三つのチカラ」とはなんでしょうか。

著書『小児科医のぼくが伝えたい　最高の子育て』の中で、人生において最も大切なものとして「共感力」「意思決定力」「自己肯定感」を取り上げていました。それらはなぜ子どもたちにとって必要なのか。そして、子どもがその力を身につけ、高めていくために親としてできることはなんでしょうか。

「共感力」は、しあわせな人生の原動力です

共感力は、三つのチカラの中で一番わかりやすいものだと思います。簡単に言う

と、**誰かのことを自分のことのように喜んだり悲しんだりすることができるチカラです。**

遺伝子の働きでしょうか、女性は一般に生まれつき共感力が強いですね。日常会話でも共感力が発揮されています。

「かわいいね、その服」で始まり、「ありがとう」と続く。たったそれだけで、共感に満ちたすてきなコミュニケーションが成立していますよね。一方、男性は自分と他人を比べて優劣をつけがちで、共感力は女性よりも低いとぼくは感じます。

ただ、スポーツ観戦の場面では共感力を発揮することが多いんですよ。「やった！ホームラン！」「ナイスシュート！」と他人の成功を自分のことのように喜ぶ。男性はきちんとしたルールに従って勝敗をつけることを好む傾向にあり、スポーツはそのいい例です。勝つにせよ、負けるにせよ、共感できるシチュエーションが多く、勇気をもらえるんですね。

共感力はなぜ「生きるために必要」なのか。それは人生を豊かにするからです。ひとりの人間が手に入れられる幸せなんてちっぽけなものです。でも人の幸せを自分のことのように喜べる人は、たくさんの幸せを手に入れることができます。人の喜び、人の成功、人の幸せをあたかも自分のことのように感じることができる、そんな共感力のある子どもに育ってくれたら、その子は豊かで幸せな人生を歩むのではないでしょうか。

では、子どもに共感力を身につけさせるために、親はどんなことをしたらいいのか。それは単純なことです。「おなか空いた」と言う子どもに、「我慢しなさい」「もうちょっと待って」と返すのではなく、「おなか空いたね」と返す。「痛い！」って言ったら「痛くない。泣いたらダメ！」じゃなくて、「痛いね」って。

共感されると子どもはそれが心地よいことだと気づきます。そして、お友だちが泣いていたら「悲しいね、大丈夫？」って共感できる子に育つと思うんです。特に弱音を吐いたときに共感されると心に残るものです。

それは大人でも同じことですよね。自分の弱音に対して、いきなり否定されるようなことを言われるとつらい。弱音を吐いている相手に対して、どんなに正しかろうが強い意見は役に立たない。やっぱり「つらいね」って言ってもらうのが一番なんでしょうね。「忙しい……」って弱音を吐いたときに「じゃ、仕事をこうして、こうやって効率的にやれば土日は休めるよな」って言われても、響かないですよね。ただ一言

「しんどいよな」って言ってもらうだけでいいわけです。

子どもも同じです。「くやしかったね……」でも「月がきれいだね～」でもいい。子どもがこう感じているのかなってことをくみ取って、そういうときはこういう感情だよね、お母さんもお父さんも一緒だよってことを伝えていけば、共感力は自然と身につくのではないでしょうか。

あと、先ほど男の子は女の子より共感が苦手かもしれないと言いましたが、男の子には、他者がうまく行ったときに「俺だって負けないぞ」と思う強さがあります。この気持ちもすごく大事です。ただその気持ちを抱くと同時に「ほんとによかったね」って素直に思えるような男の子は将来しあわせになれると、ぼくは思うんですよ。

力強く人生を歩んでいくために必要な「意思決定力」

自分の意思を持ち、それを明らかにするということ、自分で決めるチカラです。

どこに行こうか、何を食べようかという日常の小さな選択から、どこの学校に行こうか、部活は何にしようかという少し先の、大きめの選択まで、人生は選択の連続です。ひとつひとつのことを自分で判断して、「こうしたい」と自信を持って表明できることが「意思決定力」だと言えます。

子どもが自分で決めて実行したことであれば、たとえ失敗してもいい経験になる。成功したら大きな達成感を味わえるし、次に向けての自信にもつながります。親に「こうしなさい」と言われてやるのではなくて、自分のことを自分で決めて実行にうつすことができるか否かは、その後の人生を大きく左右すると言ってもいいでしょう。

幼少期からそのつど考えさせること、選択させることで、自分で決めるチカラは育まれます。自分には決める力、権利があると子ども自身が実感していることが大切なんです。自分のしたいことを言ってみても、どうせ聞き入れてもらえない。何を言ったって無駄、と思って育つのは不幸なことです。

親のスタンスとしては、まず子どもの意見を通すこと。そして、結果として失敗しても強く責めないことも大切です。

「自分で決めたことだから、これでいい」という気持ちになれる環境を用意してあげるのは親の大きな役目です。そういうことを子どものうちに経験しておけば、大人になってから自分の判断を信じて生きていけると思います。

ただ、「自分で決めることが重要で、結果はどうでもいい」というのは、微妙に違います。自分で決めていい、なおかつ、たとえ失敗しても誰の責任でもない……そんな感覚です。失敗は失敗でしかないですからね。次の成功のために反省するのはいいけど、そこで責任を感じるようにしなくてもいいと思うんです。

そのために親として「失敗したけど、自分で決めたんだからいいんだよ」ということを伝えていただきたいと思います。いずれにせよ、小さい頃から自分で決めたことを恐れずやらせてもらう経験を積んでいけば、子どもの意思決定力は育つはずです。

まず親自身が自己肯定感を強く持つこと

自己肯定感というのは、**「今の自分はこれでいい、これでいいんだ」と感じることだとぼくは考えています。**ただ共感力や意思決定力と違って言葉や態度に表れにくく、他者からは読み取れない。そして自分自身でも実感しにくいものだと思います。たとえば、すごく裕福で人から尊敬されていて、一見幸せそうに見えても自己肯定感が高いとは限らないんですね。

でも、人は誰しも生まれつき自己肯定感を持っているということは確信を持って言えます。人間が生きものである以上、少なくともこの世に生を受けた瞬間には「生まれてきてよかった！」って感じるようにできているのでは。人生のスタートは自己肯定感に満ちていて、それは遺伝子によってあらかじめ約束されたものなのかもしれません。

自己肯定感は、遺伝子のなせる業、すべての子どもに与えられる天性のチカラだと思います。はじめから自己肯定感のない子どもなどいないのです。たとえば赤ちゃんはよく笑うでしょう。それって自己肯定感にあふれているからだと思うんです。

生まれつきみんなが備えている自己肯定感ですが、それが、育児環境によって高まったり、反対に低くなっていったりすることがあります。はっきりしているのは、親から暴力や無視といった虐待を受けている子どもは、持って生まれた自己肯定感を徐々に失っていくということ。「お前なんか生まれてこなければよかったのに」と言われ続けて育てば、自己肯定感は下がるでしょう。

幼児虐待には〝負の連鎖〟のようなものがあると言われていますが、親の自己肯定感の低さが子どもに連鎖することはあります。子どもの存在を否定するのは、同時に自分の存在を否定することです。だからぼくは子どもの自己肯定感を高めたいと思うなら、親たちが自分の自己肯定感を高めるべきなんじゃないかと思います。

この子を産んでよかった、と思うだけでいい

子育て中のお母さんだったら、「この子を産んでよかった」って思ってるときは自己肯定感が高いわけですね。「子どもを授かって幸せ。私の人生はこれでよかったんだ」って思うお母さんの気持ちが、子どもに伝わらないわけがないです。**お母さんの高い自己肯定感は、そのまま子どもの自己肯定感を守り育てることになるんです。**

もちろん現実を前に、常にハッピーでいられる人なんていないかもしれません。ただ、お母さんがいつもため息ついて「こんなはずじゃなかったのに」とか「もっと幸せになれるはずだったのに」とか言い続ける。そういう自己肯定感の低い発言を聞いて育つと、自己肯定感の低下が連鎖すると思います。まずは少しだけ肩の力を抜いてお子さんに接してみてはいかがでしょうか。

もうひとつ、小さいうちからささやかな成功体験をたくさん積ませて、「すごいね」

「よくできたね」とほめてあげるのも自己肯定感を高めるのに大切なことです。「やればできる」「自分のことが大好き」と思えることは、子どもの発育に大きなチカラになるはずです。**ほめ言葉に満ちた日常は、共感力、意思決定力も育みます。**

子どもの幸せな人生のために、相手の気持ちに寄り添える「共感力」、自分で自分のことを決める「意思決定力」、今の自分はこれでいいと思える「自己肯定感」、この三つのチカラを意識して育ててあげてほしいと思います。

あとがき

母子家庭で生活保護。優しい言葉をかけられるわけでもなく、食事にしても特に思い出せるメニューがない。そういう家庭で、父の存在も知らずに育った男が、正しい育児を本能的に理解できるはずがないと思われるかもしれません。

たしかに、この本で述べさせていただいたことは、本当はぼく自身が母にしてほしかったことなのかもしれません。あるいは、もしも自分に父親がいたら、こんな風にしてもらいたかったな、という夢のようなものかもしれません。

また、自分自身の子育て経験に基づく内容でもありません。子どもたちには何もしてこなかった。むしろ、こうすればよかったという後悔の気持ちが込められているのかもしれません。

でも、そういう自分だからこその視点もあるんじゃないかと思います。病院に連れてこられた子どもたちとそのご両親。日常の中の非日常を見つめながら、37年間、60を越えるまで夢中に生きてきた小児科医。独自の視点から何か大切なことをお伝えするときが来たのではないかと思ったのです。

お母さんお父さんは、自信を持って子どもと向き合えばいい。それがこの本で一番伝えたかったことです。

さて、40を過ぎて教授になったときに母から届いた手紙について書きました。どこにでもありそうな内容、誰にでも書けそうな文章です。でもその切実さに参りました。息子にこれだけは言っておかなければいけない、今伝えないとあとはない。そんな切迫感がありました。最後の〝しつけ〟だったのだと思います。表書きには「読んだら細かくやぶいて捨てること」とありました。「ちゃんと心に刻んでおきなさい」というメッセージだったのだと思います。

小さいうちにしつけないと、と焦るお母さんお父さん。小さい頃に結果を出さなくてもいいんです。しつけはずっとずっと長いスパンでじわっと効いてくるもの。こんな大人になってほしい、という強く温かい思いは、いつか必ず子どもに伝わるものです。

あなたのお子さんにとって、お母さんお父さん以上の教育者はいません。そして、家庭は最高の教育の場であるべきです。学校で何を教えられようが、点数が高かろうが低かろうが、そんなことで右往左往する必要はない。

振り返ってみれば、何も悪いことはなかったんだ、これでよかったんだ、結局、なるようになるんだ、と。この本を読んで、そう感じていただけたら幸いです。

最後に一言。

若い、特に中高生の皆さん。この本を読んでみませんか？

自分のこれからの生き方が少し違って見えてくるかもしれませんよ。自分はどのような思いで育てられ、教育され、今ここにいるのか。これからの人生、何を期待されているのか。

そして、ご自身にはお子さんがいない方、子育てはとっくに終わった方。この本を読んでみませんか？

子育てにはむしろ無関心だったぼくが、小児科医の視点で、〝人が生まれ育つということ〟について、まじめに考え尽くしました。自分の意思で決めることの重さ、誰かに共感できることの幸せ、そして今の自分に納得することの大切さについて書きました。子育てを通じて見えてくる「幸せに生きるためのチカラ」とは何か、感じ取っていただけると思うのです。

いまは亡き母にも読んでほしかったな……。

2020年6月

慶應義塾大学医学部
小児科教授
高橋孝雄

初出　ミキハウス出産準備サイト
二〇一七年四月一七日より二〇二〇年五月二二日に掲載された
「高橋たかお先生のなんでも相談室」を大幅に加筆、修正

高橋孝雄《たかはし・たかお》

慶應義塾大学医学部　小児科主任教授。医学博士。専門は小児科一般と小児神経。日本小児科学会前会長。小児神経学会前理事長。一九五七年、八月生まれ。一九八二年慶應義塾大学医学部卒業。一九八八年から米国マサチューセッツ総合病院小児神経科に勤務、ハーバード大学医学部の神経学講師も務める。一九九四年帰国し、慶應義塾大学小児科で、医師、教授として活躍している。趣味はランニング。マラソンのベスト記録は二〇一六年の東京マラソンで3時間7分。別名〝日本一足の速い小児科教授〟。著書に『小児科医のぼくが伝えたい　最高の子育て』（マガジンハウス）がある。

子どものチカラを信じましょう

小児科医のぼくが伝えたい子育ての悩み解決法

二〇二〇年六月二五日　第一刷発行

著者　高橋孝雄

発行者　鉄尾周一

発行所　株式会社マガジンハウス
〒一〇四-八〇〇三　東京都中央区銀座三-一三-一〇
書籍編集部 ☎〇三（三五四五）七〇三〇
受注センター ☎〇四九（二七五）一八一一

印刷・製本所　株式会社千代田プリントメディア

ISBN978-4-8387-3104-6 C0095